KB121406

포스트 코로나와 로컬뉴딜

포스트 코로나와
로컬뉴딜

초판 1쇄 2020년 9월 25일
글쓴이 유창복 · 이재경 · 김다예
펴낸이 권경미
펴낸곳 도서출판 책숲
출판등록 제2011-000083호
주소 서울시 용산구 후암로40길 2
전화 070-8702-3368
팩스 02-318-1125

ISBN 979-11-86342-34-3 (03300)

이 도서의 국립중앙도서관 출판예정도서목록(CIP)은 서지정보유통지원시스템
홈페이지(http://seoji.nl.go.kr)와 국가자료종합목록 구축시스템(http://kolis-net.nl.go.kr)에서
이용하실 수 있습니다. (CIP제어번호 : CIP2020039533)

포스트 코로나와 로컬뉴딜

With 코로나 시대, 로컬에서 답을 찾다!

Post Corona
Local New Deal

미래자치분권연구소 기획
유창복 이재경 김다예 지음

책숲

목차

전환과 지역! 이제 기준이 바뀌고 있습니다

갑작스런 재난 상황에서 지금처럼 지방정부가 절실한 적은 없었던 것 같습니다. 행정의 상상력이 돋보였다고 하기에는 좀 쑥스럽지만, 사실 지방정부와 공무원들의 노력은 충분히 인정받아야 합니다. 혹자는 코로나19에 지금처럼 시스템이 무너지지 않고 버틸 수 있는 것은 그야말로 공무원들을 짜내고 있기 때문이라고 합니다. 왜냐하면 기초 지방정부는 지역주민들과 직접 대면하고 있기 때문에, 어느 누구보다도 재빠르고 절박하게 현장 상황을 파악하고 있습니다. 중앙정부는 수치화된 정확한 보고와 통계가 나와야 움직입니다. 그러나 모든 지방정부는 현장에서 곧바로 고민합니다. 마스크가 부족하다면 어떻게든 해결책을 찾아야 합니다. 직접 천 마스크를 만들 수 있는지를 모색해야 하고, 그래서 관내 봉제 수공업체를 찾아서 제작을 의뢰하고, 공무원들이 먼저 천 마스크를 착용해보고 보급하는 식입니다. 물량 확보를 위해 관내 마스크 업체를 샅샅이 찾아서 뒤지기도 합니다. 그 선두에 공무원들이 있습니다.

문제를 현장에서 보면 다양하게 볼 수 있습니다. 학생들이 원격수업을 해야할 텐데 그렇다면 소득계층과 관계없이 모든 학생들이 디지털 장치를 가지고 있을까? 그렇지 않다면 어떻게 해야 하지? 디지털 장치를 공급하기 위해서 자체 예산만으론 부족하니 추가 자원을 동원해야 합니다. 그러기 위해서 다른 자치구들과 협력하자는 제안을 해야 하고, 결국 광역 지자체, 교육청, 기초지자체가 예산을 매칭하여 비용을 확보할 수 있었습니다. 이렇듯 현장에 있는 기초 지방정부가 정책 민감성을 훨씬 더 예민하게 작동시키고 있습니다. 이번 코로나19 사태에 대응하는 과정에서 각 기초 지방정부가 시행했던 다양하고도 창의적인 방안들을 나열하면 책 한 권으로도 부족할 것입니다.

너무 지방정부만 언급했습니다만, 정확하게는 중앙정부와 지방정부, 각급 정부와 지역사회(지역 주민과 시민)가 서로 협력해야 합니다. 그 중요성은 거의 차이가 없습니다. 이제 재난이 일상화된 참으로 고통스러운 시기를 살아야 합니다. 그래서 '전환'을 이야기합니다. '전환'이란 일상생활에서 작은 것을 실천해보는 것에서 더 나아가 크고, 담대하게 전체 경로를 바꾸는 것을 말합니다. 생태적 전환이란 기존의 화석연료 중심의 시스템에서 그 생태를 기준으로 삼아야 한다는 뜻입니다. 그 실천의 중심을 지역(Local)으로 삼아서 나아가 보자는 게 이 책에서 논의하고자 하는 내용입니다.

미래자치분권연구소가 짧은 기간 동안 집중해서 이러한 논의를 모았습니다. 부디 숙독해주시기를 바랍니다.

2020년 9월

문석진_자치분권지방정부협의회장, 서울시 서대문구청장

우리가 할 수 있는 일, 로컬뉴딜

일시적 유행으로 그치려니 했던 코로나는 다시 기승을 부리고, 수도권을 중심으로 통제 불능의 확산세로 발전할지도 몰라 방역당국이 긴장하고 온 국민이 불안해하고 있다. 얼마 남지 않은 가을로 접어들면 2차 팬데믹이 닥칠 것이라는 예상이 지배적이다. 이 와중에 장장 50여 일 동안 집중된 폭우와 그로 인한 장마는 어마어마한 인명과 재산 피해를 입혔다. 장마가 끝나나 싶더니 이젠 기다렸다는 듯이 40도를 넘보는 폭염이 들이닥친다.

이렇듯 질긴 코로나19 감염재난과 파괴적인 자연재난이 기후위기의 영향 때문이라는 사실은 이제 상식이 되었다. 30년 내 탄소배출 제로(Net Zero), 10년 내 탄소배출 50% 감축을 이루어내지 못하면 기후이탈(Climate Departure)이 발생하여 인간의 힘으로는 통제 불가능한 파멸에 다다르게 된다는 과학자들의 기후 비상사태(Climate Emergency) 경고가 있다.

코로나19에 대처하는 안전수칙으로 시작된 비대면(언택트)은 일상생활의 기본으로 굳혀질 태세다. 비대면이 지속될수록 없는 사람들은 더욱 어려워진다. 전면 봉쇄 전략이 아니라, 필요 최소한의 사회적 거리두기를 하며 일상의 사회경제활동을 유지하는 완화 전략을 사용한 덕에 OECD 국가 중 최고의 경제 성적을 거두고 있지만(2020년 경제성장률 예측 : 한국 -1.2, 일본 -5.2, 미국 -5.9, 독일 -7.0, 프랑스 -7.2) 많은 자영업자들과 노동자들이 제도의 보호막 밖에서 생존의 위기로 내몰리고 있다.

코로나19 감염 위험이 장기화를 넘어 일상화된다는 'With 코로나 시대', 코로나보다 훨씬 강한 기후위기의 총체적 재난 시대에서 살아나갈 '뉴노멀'을 찾아야 한다. 그 핵심이 바로 로컬(Local)이다. 지역사회에서 서로 신뢰하는 이웃들과 소규모 분산된 방식으로 일상을 함께 살아가야한다. 그래야 감염의 위험을 최소화하고, 재난의 위험으로부터 생존의 위기에 내몰리지 않고 함께 버텨낼 수 있다.

절벽을 향해 내달리던 고속열차가 급정거를 하듯이 탄소배출을 급격히 줄이고, 거대한 탄소기득권 체제의 저항에 맞서 불평등을 완화하고, 이 전환 과정에서 불가피한 피해가 약자에게 쏠리지 않도록 '정의로운 전환'을 위한 사회안전망을 구축하며, 무엇보다 확실한 안전망인 새로운 일자리를 창출하도록 그린뉴딜을 추진해야 한다. 그러려면 온 국민이 끈질기게 대대적으로 참여해야 한다. 그래서 지역에서 시작하고 지역에서 그린뉴딜의 길을 내야한다. 따라서 그린뉴딜의 실천 전략은 '로컬뉴딜'이다.

다행히도 우리는 코로나19의 대처 과정에서 지방정부의 활약을 발견했다. 주민들의 형편과 처지에 민감하고, 지체 없이 기민하게 행동하며, 기발하고 혁신적인 정책을 구사하는 지방정부가 'K-방역'의 일등공신이었다. 그러나 그야말로 K-방역의 수훈갑은 시민이었다. 미국과 유럽 선진국들의 방역실패를 보며, 대한민국 시민의 적극적인 참여, 높은 수준의 시민의식이 없었더라면 K-방역은 불가능한 것이었다. 지방정부와 시민의식, 이는 이후 재난 시대를 헤쳐나가는 매우 중요한 핵심 키워드다.

지난 10년, 민선5~7기에 걸친 지방정부의 '혁신과 협치'의 실험이 토대가 되었음은 물론이다. 10년 동안 동네에서 마을에서 주민들이 등장하고 이웃관계망으로 연결되면서, 공공성의 감각을 키우고 협동의 효능감을 익혀왔다. 지방정부 역시 '시민 참여'를 핵심 슬로건으로 내걸고 '협치'를 기본 방침으로 삼아 혁신 정책을 추진해왔으며, 이는 '자치'를 목표로 수렴시켜가고 있다. 그 수렴의 장소(주체)는 읍면동 주민자치회이며, 수렴의 내용은 지역순환경제(사회연대경제)이다.

이 책은 바로 주민자치회가 중심이 되어 로컬뉴딜을 추진하면서, 근린 수준에서 지역순환경제를 구축하고 나아가 기후위기를 극복해가는 길을 내려는 희망을 담고 있다.

1부는 미래자치분권연구소 이재경 연구실장이 정리했다. 재난과 관련한 그 동안의 여러 연구 결과들을 검토하면서 로컬과 근린을 강화하는 방향으로 향해야 한다는 점을 강조한다. 특히 로컬의 중요성이 지방정부의 중요성뿐 아니라, 지역사회(시민사회)의 중요성도 지적하고 있다.

2부는 미래자치분권연구소의 월례포럼 중에서 '포스트 코로나와 지방정부의 미래'라는 제목으로 지난 5월과 6월, 두 차례에 걸쳐 진행했던 내용을 담았다. 첫 번째 포럼은 광역지자체협의회인 대한민국시도지사협의회의 전성환 사무총장과 기초지자체협의회인 전국시장군수구청장협의회 제종길 사무총장이 참여하여 당사자 입장에서 문제해결의 방향에 대해서 논의해 주었다. 두 번째 포럼은 자치분권지방정부협의회 문석진 회장(서대문구청장)의 리드로 염태영 수원시장과 안승남 구리시장이 참여하여 현장의 대응과 창의력에 대해서 풍부한 사례를 덧붙여 주었다.

3부는 필자의 저술이다. 그동안 미래자치분권연구소에서 연구했던 내용을 중심으로 항목별로 차근차근 정리해 보았다. 특히 로컬에서 구체적으로 무엇을 할 수 있는지를 더 세세하게 들여다보고자 했다.

2020. 08

유창복 미래자치분권연구소장

1부

코로나19와 뉴노멀,
그리고 로컬

오늘날 세계는 반복된 자연재난과 사회적 재난이 끊이지 않는, 재난이 일상화된 위험 사회가 되었다. 그러나 사람들은 재난에 대한 경각심과 대응 능력, 즉 재난 감수성이 아직 충분하지 못한 것 같다. 여전히 재난에 대해서 일시적일 것이며, 남의 문제이고, 시간이 지나면 회복될 어떤 것으로 인식하는 경향이 있다.

코로나19 직전에 가장 큰 재난이었던 세월호 참사에 대해서 여러 가지 분석이 있다. 그중에서도 가장 중요한 지적은 재난 현장에서 능동적 대처가 미흡하여 인명을 제대로 구하지 못했다는 사실이다. 중앙에 계속 보고하면서 그 결정을 기다리는 동안 사람들은 속절없이 죽어갔다. 문제 해결은 언제나 현장에 답이 있다. 재난은 특히 그러하다. 재난 현장이 지역에 있음에도 불구하고 재난에 관한 권한과 자원은 지방자치단체가 아니라 중앙정부에 집중되어 있다. 이는 시급성을 요구하는 재난 상황에서 대응 능력을 약화시키는 핵심 요인으로 작용한다.

코로나19 감염병은 사회적 재난으로 한국 사회에 미치는 영향이 규모(많은 사람)와 시간(장기간)의 측면에서 역사를 바꾸어 놓을 만큼 거대하다. 재난의 시공간 속에서 우리는 이전과는 다른 양상을 본다. 그중 가장 눈에 띈 것은 바로 지방정부다. 코로나19 상황에서 중앙정부의 한계가 노출된 반면 지방정부의 위상은 상승했고 질병관리본부 이외에 중앙정부가 무능했다는 평가가 제기되었다(김석현, 2020). 재난지원금, 기본소득, 저소득층 지원 등의 의제를 지방정부가 선도적으로 추진한 반면 중앙정부는 상대적으로 느린 결정, 논란 초래 등으로 부정적 평가를 받고 있다. 지방정부는 충분한 자원이 없음에도 불구하고, 확진자의 동선을 추적하고 격리자에게 숙식을 제공하는 등의 역할을 비교적 효과적으로 수행했다. 그간 재난에서 주인공으로 등장했던 중앙정부는 이번 코로나 재난에서는 명백하게 퇴조했다.

한편 시민과 시민사회 영역에 대한 평가는 이중적이다. 시민들의 자발적인 마스크 착용과 사회적 거리두기 등 격리 활동과 마스크 제작, 방역 등의 다양한 봉사활동은 찬사를 받았다. 그러나 동시에 모임 등 집단행동 방식의 한계를 드러내며 주춤한 양상도 나타났고 일부 시민들의 무책임한 행동은 비난을 받았다.

1부에서는 지방정부의 부각, 중앙정부의 후퇴, 시민사회의 혼란에 대해 설명한다.

이재경_미래자치분권연구소 연구실장

---

1) 김석현. 2020. "코로나19의 전개와 한국 및 세계의 대응." 『동향과 전망』(109): 9-21쪽.

01

코로나19와 뉴노멀

읍면동과 마을 단위의 로컬(Local)과 근린(Neighbo
urhood)에 관심을 기울일 필요가 있다. 지금까지 로
컬과 근린은 변방이었다. 그러나 혁신과 변화는 언제
나 변방에서 시작되었다.

코로나19가 계속되면서 한동안 수면 아래로 사라진 뉴노멀(new normal)이라는 개념이 되살아났다. 뉴노멀은 2008년 금융위기 이후의 불황과 4차 산업혁명으로 불리는 디지털 기술의 확산을 뜻하는 경제적 개념으로 등장했다(이일영·정준호, 2017)[2]. 그러나 점차 불안정한 현실, 불확실한 미래를 뜻하는 보다 넓고 추상적인 의미로 사용되기 시작했다. 2008년 금융위기를 뛰어넘는 거대한 경제 위기에 직면하고 언택트(untact)가 강조되면서 불황과 디지털을 핵심으로 하는 뉴노멀에 대한 관심이 다시 커진 것이다.

---

2) 이일영·정준호. 2017. 12. 『뉴노멀』. 서울: 커뮤니케이션북스

뉴노멀을 좀 더 파고 들어가면, 개념 이면에 큰 국가 그리고 국가에 대한 높은 의존성이 포착된다. 2008년 금융 위기 이후 세계자본주의는 국가에 의존하여 생명을 유지할 수 있었다. 4차 산업혁명, 디지털 기술의 확산은 결국 국가가 막대한 예산을 지원하고 혁신을 촉진하도록 규제를 조절해주어야 가능한 일이다. 무엇보다도 대중들에게는 뉴노멀의 불안정성을 조금이라도 완화하기 위해 '큰 국가'(Big State)가 필요한 것으로 인식된다. 그런 측면에서 국가(State)와 시장(Market), 시민사회(Society) 모두 뉴노멀이라는 개념을 공유하는 한 의도의 여부를 떠나 큰 국가의 필요성에 동의하게 된다.

코로나19 관련한 다양한 글의 제목에 '뉴노멀'이 단골로 등장하고 있다. 뉴노멀이라는 단어에서 묻어나는 새로움이라는 느낌 때문에 자주 사용되고 있는 것으로 보이지만 사실 뉴노멀을 둘러싼 담론은 인간과 (국가를 제외한) 인간이 만든 사회질서의 무기력함을 드러낸다. 뉴노멀의 중요한 구성 요소인 4차 산업혁명에 관한 논의에서 이를 분명하게 발견할 수 있다. 4차 산업혁명의 서사는 명확하다. 세상이 변하고 있고 인간의 대다수는 변화의 희생양으로 전락한다. 이런 상황에서 우리에게 주어진 선택지는 두 가지로 한정된다. 시대변화에 따른 맞춤형 역량을 구축하여 확실치 않지만 성공하거나, 아니면 주변화되어 국가복지에 의존하여 근근이 살아가는 것이다.

이러한 뉴노멀의 개념을 무비판적으로 수용하고 인정해야할까? 당면한 코로나19, 그리고 앞으로 예상되는 기후위기의 거대한 위력 앞에서 우리는 정신을 차리지 못한다. 그리고 은연중에 '큰 국가'를 수용하고 디지털뉴딜을 인정한다. 다른 길은 없는 것처럼 보인다. 마치 과거 영국 대처 수상이 말한 "대안은 없다(There Is No Alternative, TINA)."와 유사하게 들린다. 국가주의가 아른거리는 기본소득론이 갑자기 중요한 국가적 논쟁 지점이 되고 언택트를 안 하면 큰일날 것 같다.

"과거가 미래의 빛을 비추지 않는 시기가 있다"는 알렉시스 토크빌의 표현처럼 코로나19, 더욱 거대하게는 기후위기에 직면하여 우리는 지금 미래를 전혀 예측할 수 없다. 어떤 새로운 감염병이 창궐할지도 모르고 기후위기가 어떻게 우리의 일상을 뒤흔들지 알 수 없다. 한국 사회를 지배했던 근대의 패러다임이 더 이상 작동하지 않는다. 코로나19를 통해 근대의 승자였던 유럽과 미국의 취약성이 드러났다. 전통이 힘을 잃은 지 이미 오래이다. 과거가 미래에 더 이상 빛을 비추지 않는다면, 이제 우리는 더듬더듬 끝을 모르는 어두운 길을 걸어가야 한다.

"대중매체와 상업광고는 우리에게 서로를 두려워하라고, 공적 활동은 위험하고 골치 아픈 일이니 안전한 공간에 틀어박혀 살라고, 전자 장비를 통해 소통하라고, 서로에게서가 아닌 대중매체에서 정보를 얻으라고 열심히 부추긴다. 그러나 재난 속에서는 사람들이 함께 모인다."

레베카 솔닛, 『이 폐허를 응시하라』[3]

무기력함과 불확실성이 지배하는 뉴노멀의 세상에서 우리는 선택해야 한다. 언택트와 방콕, 다양한 전자기기에 의존하면서 현상유지적으로 살아갈 것인가? 아니면 끊임없이 틈새를 찾으면서 위기를 기회로, 과거와 다른 더 나은 세계를 만들기 위해 연결하고 연대할 것인가? 보다 촘촘한 방역 체계와 다양한 그린 인프라가 필요한 것은 맞지만 사회적 거리두기로 표현되는 비대면의 확산과 장기화는 바람직하지 않다. 사람들은 방에 틀어박혀 전자기기로만 소통하고 연결할 수 없다. 최근 확인되듯이 뒷산을 가거나 동네 소공원을 방문하더라도 타인과 자연을 접해야 한다. 택배와 배달이 급증하여 이들의 수입이 늘어났다고 해서 플랫폼 경제의 문제가 사라지는 것은

---

3) 레베카 솔닛, 2012, 『이 폐허를 응시하라』, 정해영 옮김, 펜타그램

아니다. 택배와 배달 증가로 인해 급증하고 있는 폐기물을 어떻게 할 것인지 고민과 논의가 필요하다. 디지털 격차(Digital Divide)와 도박판처럼 보이는 기술 시장의 경험에서 알 수 있듯이, 디지털 경제는 지금의 불평등을 더욱 심화시킬 가능성이 크다. 이미 영국에서는 코로나19를 계기로, 위기를 기회로 더 큰 변화를 추구하는 "더 나은 재건(Build Back Better)"[4] 운동이 일어나고 있다.

우리도 이제 대안을 논의할 시간이 되었다. 시작의 출발점은 기존 뉴노멀의 개념을 해체하고 재구성하는 것으로 출발해야 한다. 누군가가 만든 뉴노멀이라는 개념에 스스로를 옥죄고 갇혀있을 필요는 없다. 어떻게 보면 뉴노멀은 여전히 근대적인 뉘앙스를 내포하고 있다. 더 나아가 새로운 뉴노멀을 만들어내는 것이 중요하다. 이는 기존 뉴노멀 논의와는 다른 내용으로 구성되어야 할 것이다. 국가 주도가 아니라 중앙정부, 지방정부, 시민사회과 함께하는 분권적 거버넌스 방식이며, 기본소득처럼 국가에 대한 의존도를 높이는 것이 아니라 자치를 통해 시민이 생산자로 참여하는 기본 서비스 경제가 필요하다.

---

4) https://www.theguardian.com/world/2020/jun/28/just-6-of-uk-public-want-a-return-to-pre-pandemic-economy

디지털의 가능성을 인정하면서도 더욱 중요한 것은 기후위기에 대응하고 인류의 지속가능성을 높일 수 있는 그린뉴딜이며 지역 차원의 순환경제를 만드는 것이 필요하다. 김병권(정의정책연구소 소장)은 이를 자율주행차보다 전기차가 중요하다는 표현으로 압축하고 있다.

한 가지 더 강조할 것은 바로 읍면동과 마을 단위의 로컬(Local)과 근린(Neighbourhood)에 관심을 기울일 필요가 있다는 점이다. 지금까지 로컬과 근린은 변방이었다. 혁신과 변화는 언제나 변방에서 시작되었다. 이미 많은 연구에서 예상하듯이 코로나19, 그리고 앞으로 기후위기의 다양한 충격에서 로컬과 근린은 거대한 전환의 진지로서 기능할 것이다. 그런 측면에서 새로운 뉴노멀은 로컬과 근린을 강화하는 방향으로 향해야 한다.

재난과 지방정부

"재난은 우리가 속한 지역사회의 건강과 사회의 정의가 우리의 생사를 결정하는 요인 가운데 하나라는 사실을 증명한다."

레베카 솔닛, 『이 폐허를 응시하라』

코로나19는 감염병에 의한 사회적 재난이다. 감염병의 특성상 위기가 언제 어떻게 닥칠지, 얼마나 확산될지 예측 불가능하다. 즉 우리가 금과옥조처럼 여기는 매뉴얼이라는 것을 만들기 어렵다. 따라서 현장과 가장 가까이에서 실시간으로 상황을 파악하고, 현장 상황에 맞게 책임 있는 결정을 내려 신속히 대처하는 것이 무엇보다 중요하다. 그렇기 때문에 각 지역별 재량과 자율성을 바탕으로 한 탄력성과 즉시성이 실효를 가진다. 모든 재난이 그렇지만 특히 코로나19와 같은 감염병은 그러한 경향이 더욱 강할 수밖에 없다. 이때 문제 현장에 가깝고 즉각적 대응이 가능한 주체가 바로 '지방정부'다. 즉, 지방정부가 어떤 판단을 내리고 선택하는지 매우 중요하다. 가까운 역사적 사례로서 1918년 스페인독감이 창궐한 미국의 필라델피아와 세인트루이스를 참고할 수 있다.

당시 필라델피아는 사람들이 대규모로 모이는 행사를 취소하지 않아 인명 피해를 키웠고, 세인트루이스는 조속한 대응(다중이용시설 폐쇄, 퍼레이드 취소 등)으로 피해를 최소화했다. 이 덕에 세인트루이스는 당시 미국 10대 도시 중에서 사망자 최저라는 훌륭한(?) 기록을 남기게 된다.

이번 코로나19 상황에서 한국의 지방정부는 광역과 기초
차원의 일종의 분업체계를 형성하여 대응했다. 광역정부는 상
대적으로 풍부한 예산을 바탕으로 기초를 지원하는 조력자
역할을 담당했고, 기초정부는 선별진료소를 운영하고 확진자
정보를 시민들에게 공개하는 등의 실질적인 역할을 수행했다.
코로나19에 대응하기 위한 다양한 혁신적 아이디어를 제시한

필라델피아와 세인트루이스 스페인독감 사망자 숫자

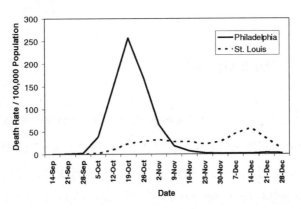

출처 : Hatchett et al. PNAS(2007)[5]

---

5) Richard J. Hatchett, Carter E. Mecher, and Marc Lipsitch. "Public health
interventions and epidemic intensity during the 1918 influenza pandemic." PNAS
May 1, 2007 104 (18) 7582-7587; first published April 6, 2007.

곳이 바로 기초지자체였으며 스마트폰을 통해 수시로 제공되는 코로나 안내 문자는 시민들에게 기초정부의 존재를 확실히 각인시켜주는 계기로 작동했다(이일영, 2020)[6]. 학계에서는 이미 지방정부 중에서 특히, 재난의 예방·대비·대응·복구의 최전선에 있는 시·군·구 기초지방자치단체의 역할이 중요하다는 일정한 합의가 존재한다(하규만, 2017)[7]. 이는 주민 그리고 재난에 더 가까운 곳에 위치한 기초정부가 상황을 정확히 파악하는데 유리하고 재난대응 역시 보다 효과적으로 수행할 수 있다는 사실에 근거한다.

메르스 학습 효과

논리적인 근거 이외에 이번 코로나19에서 지방정부가 뛰어난 역량을 보여준 것은 2015년 메르스 학습 효과에 기인한 측면이 있다. 메르스 사태 당시 중앙정부가 컨트롤타워로서 제 역할을 하지 못하면서 지방정부가 재난의 중요한 행위자

---

6) 김석현·김양희·김유빈·박성원·안병진·우철규·이상영·이일영·전병유, 2020년 4월, 『코로나19, 동향과 전망』, 서울: 지식공작소
7) 하규만, 2017, "지방의 재난 관리에 관한 연구: 부산광역시를 중심으로", 『지방정부연구』 21(3): 71-87쪽

로 등 떠밀리는 식으로 부상했다. 그런데 지역사회에서 의료기관, 소방 및 경찰 등과의 협력 체계가 제대로 작동하지 못하고 실패했다는 평가처럼 당시에는 지방정부 역시 그리 성공적이지 못한 것으로 알려졌다(윤창원, 2020)[8]. 이런 교훈을 바탕으로 당시 지방정부는 메르스 백서를 발간하고 재난 대응 매뉴얼 구축, 공공의료 투자 등의 후속작업을 진행했다. 중앙정부 역시 지방정부가 적절한 인력 부족 등으로 인해 제 역할을 할 수 없었다고 평가(보건복지부 백서)하면서 감염병에 대한 지자체의 권한과 기능을 확대하는 "제1차 공공보건의료 기본계획"(2016)을 마련했다(이나미, 2020)[9]. 여러 지방공무원과의 관련 인터뷰에서도 메르스를 통한 학습 효과가 현재 코로나19 상황에서 지방정부의 상대적으로 뛰어난 대응을 할 수 있는 자원으로 기능하고 있음이 확인되었다.

메르스 학습 효과를 가장 잘 보여주는 사례가 바로 서울이다. 서울시는 당시에도 중앙정부와 비교되는 메르스에 대한 효과적인 대응으로 국민적 지지를 얻은 바 있었다. 이후에도 메르스 백서를 발간하고 역학조사관과 음압병실을 확보하고 시립병원 내 별도 면회실을 만드는 등 전염병 대응

---

8) 김유익·윤창원 외, 2020, 『세계는 왜 한국에 주목하는가』 서울: 모시는사람들
9) 김유익·이나미 외, 2020, 『세계는 왜 한국에 주목하는가』 서울: 모시는사람들

능력을 축적했다. 또한 2017년 공공보건의료재단을 설립하고 의대 인수를 추진하는 등 적극적으로 공공의료 인프라 구축을 위한 투자를 진행했다. 기초지자체에서도 메르스를 통해 얻은 유무형의 노하우가 이번 코로나19 대응에 효과를 발휘했으며 과거처럼 중앙정부의 지침을 기다리지 않고 상황 발생 시 즉각 대응하거나 이상 신호에 대한 신속하고 기민한 판단을 내리는 등 행정 조직 내 재난에 대한 대응 능력을 축적한 것으로 판단된다.

그러나 모든 곳이 유사한 학습 효과를 얻은 것은 아니다. 예를 들어, '의료특별시 메디시티 대구'를 도시브랜드로 표방한 대구는 메르스 이후에도 법정 역학조사관 숫자를 채우지 않았고, 약 25,000개의 병실이 있었지만 코로나19에 직면했을 때 준비된 음압병실은 불과 10개에 불과했다. 2010년 적십자병원을 폐원한 이후 인구 250만 명의 대도시에 공공병원은 대구의료원 한 곳만 존재하는 등 상황이 개선되지 않은 것도 위기에 대한 취약성을 높인 것으로 분석된다. 그러나 대구처럼 약 3주간 5,700명의 확진자가 발생했을 경우 과연 다른 지역도 이를 감당할 수 있었을지는 확신할 수 없다. 아니 사실상 한국의 모든 지자체 역시 재난적 상황을 피할 수 없었을 것이다. 메르스 학습 효과를 통해 과거보다는 증가된 재난 인프라를 구축했지만 여전히 부족한 수준이라는 것이 일반적인 평가다(안병진, 2020)[10]. 그러나 한 가지 확실한 것은 학습을 통해 개선을 시도한 지역의 주민들이 좀 더 안전하고 생존할 가능성이 높다는 점은 분명하다.

자치분권의 심화에 따른 지방정부 혁신 역량 강화

왜 지방정부가 혁신에 나서는가? 이에 대해서는 다음과 같은 설명이 있다(엄영호·손선화·장용석, 2018)[11]. 기본적으로 지방정부는 직접적인 정책 수단을 가지고 있다. 그리고 문제 현장과 주민의 삶에 가까운 곳에 있기 때문에 지역의 요구에 민감하다. 이때 '민감성'은 문제를 해결해야 하는 부담이 더욱 크다는 것을 뜻하며, 기존 방식으로 해결되지 않는 문제에 맞서 다양한 실험을 추진할 유인을 가진다. 또한 중앙정부의 하위 전달자로 머무르기보다는 그 이상의 역할을 하려는 경향을 나타낸다. 이런 배경에서 지방정부는 적극적으로

10) 김석현·김양희·김유빈·박성원·안병진·우철규·이상영·이일영·전병유, 2020, 『코로나19, 동향과 전망』, 서울: 지식공작소.
11) 엄영호·손선화·장용석, 2018, "지방정부의 사회혁신정책 균형잡기 역할의 모색", 『지방정부연구』21(4): 369-389쪽.

혁신정책을 추진한다. 또한 지방자치 이후 약 30년의 시간이 흐르면서 지방정부의 역량이 강화된 것도 중요한 원인이다.

특히 민선 5~7기 지자체들의 치열한 혁신 경쟁은 지방정부의 역량을 급격하게 증가시키는 효과를 거두었다. 이전까지 주로 성장, 개발, 효율성 등을 강조하던 지방정부는 민선 5기부터는 주민의 삶의 질을 높이는 주민친화형 행정, 주민 참여를 활성화하는 주민참여형 행정, 주민의 일상을 바꾸는 생활혁신형 행정으로 무게중심이 이동하면서 보다 스마트하게 진화했다. 역설적으로 중앙정부가 별다른 지원 없이 복지정책 등을 지방정부에 이관하면서 한정된 재원으로 성과를 남겨야 하는 험난한 현실 조건이 지방정부를 더욱 강하게 만들었고 시민과의 협력을 촉진했다고 볼 수 있다.

마을공동체, 사회적경제, 도시재생, 혁신교육, 협치 등 다양한 혁신정책이 추진되면서 지방정부의 투명성이 높아졌고 시민들의 참여의식과 역량이 높아졌다. 행정의 기술적 역량을 높이기 위해 스마트도시, 빅데이터 활용, 온라인 플랫폼 구축 등 IT기술을 적극적으로 확보하고 활용한 것이 또한 지방정부이다. 현장에서는 너무 다양한 정책이 쏟아진다고 할 정도로 혁신 경쟁이 치열하다. 경쟁이 치열한 만큼 벤치마크로 불리는 모방도 치열하다. 그래서 더욱 새로운 혁신

아이템이 요구되며 지자체는 다양한 거버넌스를 통해 이를 확보하려고 한다. 다양한 중간지원조직 설립, 기초지자체의 연구기능 확보(예를 들어, 서울시 각 자치구의 구정연구단) 노력, 대학과의 협력 등 정말 다양하다.

　이러한 지방정부의 혁신 역량 강화는 새로운 리더십과 매우 밀접한 관련이 있다. 이제 지방정부의 리더들은 중앙정치의 하위집단에 머무르지 않는다. 광역지방정부의 리더는 잠재적인 대선후보군으로 인식되며 당 최고위원 선거에 출마하기도 한다. 리더십에 기반한 혁신 정책이 국가정책으로 반영되거나 전국적으로 확산되고 국가적 담론이 되는 경우도 목격된다. 어떤 리더십인지에 따라 지방정부의 혁신 역량을 가른다고 해도 과언이 아니다. 이번 코로나19에서 확인되었지만 앞으로 기후위기 등 더 큰 위기가 도래할수록 지방정부의 리더와 리더십의 역할이 점차 커질 것이다.

　중국이 위기에도 쉽게 흔들리지 않는 요소로 지목하는 것이 바로 리더십이다. 중국은 최고지도자를 선발하기 위해 잠재군들을 지방정부의 장으로 파견한다. 그곳에서 치열하게 혁신하고 성과를 남긴 사람이 최고지도자로 발탁된다. 한국도 비슷한 양상을 보이고 있다. 지금 국가지도자들은 대부분 지방정부를 경험한 사람들이다. 경험이 없는 깜짝 스타는 분명한 한계를 드러냈다. 이제 바야흐로 지방정부 리더십의 시대가 열리고 있다는 것이다.

02

코로나19와 지방정부의 대응

코로나19 최전선에 있는 것은 의사와 간호사뿐만 아니라 지방정부, 특히 기초 지자체의 공무원들이다. 사회 전체의 시스템을 유지하고 있는 이유는 공무원들을 그야말로 '갈아넣고' 있기 때문이라는 이야기도 있다.

코로나19 최전선에 있는 것은 의사와 간호사뿐만 아니라 지방정부, 특히 기초지자체의 공무원들이다. 사회 전체의 시스템을 유지하고 있는 이유는 공무원들을 그야말로 '갈아넣고' 있기 때문이라는 이야기도 있다. 그들은 드러나지 않게 헌신하고 있고 표 나지 않게 엄청난 성과를 내고 있다. 지금 한국의 K-방역이 세계적으로 인정받고 있는 것, 우리의 일상이 다른 나라보다 좀 더 평화로운 것은 현장에서 뛰고 있는 지방정부 공무원의 역할이 크다는 점을 알아야 한다.

다음은 '자치분권지방정부협의회' 소속 지자체 중에서 미래자치분권연구소가 인터뷰한 다섯 곳의 내용을 정리하였다. 또한 이미 언론에 소개된 내용도 참고했다.

서울시 강동구 : 빅데이터 활용

서울시 강동구(구청장 이정훈)는 코로나19 대응에 빅데이터를 활용하였다. 사실 2019년 8월에 '스마트도시추진단'을 만들었고 그 안에 빅데이터팀을 설치했는데, 이는 당시에 코로나와 무관했었다. 이때 일반적으로 빅데이터와 같은 전문 영역은 외부 전문 기관에 외주를 주는 방식으로 진행되는 반면 강동구는 외부 전문가를 채용하여 기존 공무원과 호흡을 맞춰 정책을 추진하도록 빅데이터팀을 구성했다. 그 결과 "각 기관별로 흩어져 있는 데이터를 통합 관리할 수 있는 'GBP 강동구 빅데이터 포털' 시스템을 자체 개발했다."[12] 이것이 코로나19 사태에서 현장 지향적인 빅데이터 활용이 가능했던 밑바탕이 된 것으로 보인다.

코로나19 상황에서 빅데이터팀은 관내 약국의 마스크 재고 현황을 보여주는 홈페이지[13]를 개설하여 마스크 정보를 신속하게 제공했고, 지금은 강동구 코로나19 정보 페이지[14]를 별도로 구축하여 서비스하고 있다. 또한 빅데이터 분석을 통

---

12) 홍기상. "강동구 '빅데이터 포털' 자체개발해 억대 개발비용 절감". 〈뉴스1〉. 2020. 1. 6
13) 강동구 공적마스크 구매처 지도(http://gbp.gangdong.go.kr/mask)
14) 강동구 코로나19 정보 (https://www.gangdong.go.kr/site/contents/corona)

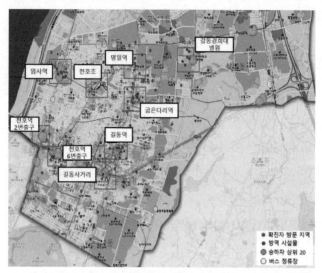

출처 : 강동구청, 2020. 3. 20일자 보도자료

해 확진자의 동선 중 유동 인구가 많은 곳을 우선적으로 선별하여 방역하는 스마트 방역을 추진했다.

경기도 구리시 : 빈틈없는 방역을 위한 혁신

잘 알려지지 않았지만 경기도 구리시(시장 안승남)는 전국 최초로 해외입국자 및 동거인까지 자가격리를 실시했다. 직장

이 있는 동거인의 경우 별도의 숙소를 제공했고, 자가격리 시설을 원치 않는 경우 직장과 가까운 숙소를 얻을 수 있도록 하루 5만 원을 지원했다. 또한 특이한 점은 캠핑카 자가격리를 실시했다. 여러 가지 여건상 자가격리를 할 수 없는 해외입국자를 위해 카라반을 이용한 임시격리시설을 시청 주차장에서 배치하여 이용할 수 있도록 했다.

두 번째로는 다양한 점검을 통해 '안심식당'을 지정·운영했다. "코로나19 행정명령 준수 모범업소로 최종 선정된 업소에 대해 '인증스티커'를 부착"[15]한 것이다.

---

15) 정원영. "구리시, '코로나19 행정명령 준수 모범업소' 인증". 〈신아일보〉. 2020. 5. 2

세 번째는 출근길의 혼잡한 대중교통 상황에서 거리두기가 무너지는 것에 대비하여 일부 만차 노선에 전세버스를 투입하였다. 또한 "전세버스 투입은 코로나19 여파로 운행을 멈춘 관내 전세버스를 활용"[16]하였다.

서울시 성북구 : 지역특화형 정책과 주민참여

서울시 성북구(구청장 이승로)는 코로나19 이전에 이미 감염병에 대한 상당한 대비 체계를 구축했다. 관련 전문가를 수년 전부터 공무원으로 채용하여 행정의 전문성을 높였고 보건소 내에 감염병 전담팀을 운영하고 있었다. 이런 배경에서

2019년 '재난대응 안전한국훈련' 내용 중에서 '재출현 감염병' 대응 훈련을 선택하여 경험과 매뉴얼을 확보했고, 코로나19가 발발하면서 지역 내 확진자 발생 전에 선제적 종합대책을 수립했다.

성북구는 봉제업체들이 많다. 이런 관계로 마스크 부족 현상이 발생하자 다른 지자체와는 달리 관내 업체에 총 30만 장의 마스크를 먼저 주문했다. 일상적 시기의 행정과 업체와의 관계가 비상적 시기에 힘을 발휘했다.

성북구의 두 번째 특징은 주민참여 및 관련 기관 총력 대응 부분이다. 정릉4동에서 먼저 기존의 전통적 주민조직, 즉 주민자치위원회, 통장협의회, 정릉생활상권추진위원회 등을 중심으로 총 13개 단체가 '코로나19 긴급합동방역단'을 구성했고, 이어 성북구 전 동으로 확산되었다. 그리고 "구청·동주민센터·보건소·시민단체 등 관계자 총 500여 명이 성북구 전 지역에 집중 방역을 시행했다."[17]

---

16) 강근주. "구리시 출근형 전세버스 투입…대중교통 거리두기". 〈파이낸셜뉴스〉. 2020. 4.22

17) 박종일. "코로나 바이러스 함께 확산 막아야. 성북구, 비상방역체계 민·관 총력". 〈아시아경제〉. 2020. 2. 2

경기도 수원시 : 적극 행정

2015년 메르스 사태는 많은 지방정부를 각성시켰다. 경기도 수원시(시장 염태영)는 이때의 경험을 바탕으로 '메르스 일성록 69일'이라는 백서를 출간했다.

그리고 무증상 해외입국자 자가격리를 위한 임시생활시설을 처음으로 운영했다. 증상이 없는 해외입국자가 코로나19 진단 검사 결과를 통보받을 때까지 머무를 수 있는 임시검사시설을 운영했는데 이 중에서 일부 확진자가 나타나기도 했다.

염태영 시장이 정세균 총리에게 일성록을 전달하고 있다.
(* 출처 : 수원시, 2020.2.18 보도자료)

마스크 확보와 관련해서는 '마스크 원정대'가 눈에 띤다. 공적 마스크 수급이 어려운 취약계층을 위한 마스크를 확보하기 위해 공직자들로 구성된 '마스크 원정대'를 만든 것이다. 5급 이상 된 14명의 부서장들로 구성했으며, 도내 곳곳의 마스크 생산업체로 출장을 보내 남아있는 마스크를 구했고 그 결과, 마스크 8만 5000장을 확보할 수 있었다. 이를 임산부, 중증장애인, 거동이 불편한 노인, 학생 등에게 우선 지급했다. 5급 이상의 공무원들을 움직이게 한 것 자체가 혁신이다. 이후에도 마스크 배송반·총괄반을 운영하여 과부하가 걸린 약국을 지원했다.

수원시의 코로나19 백서

경기도 하남시 : 민관, 관관 협력

보건복지부는 경기도 하남시(시장 김상호)의 호흡기 전담클리닉 모델을 전국 지자체로 확산시켰다. 이 클리닉은 "코로나19와 관련이 없어 보이는 가벼운 호흡기 의료서비스를 받을 수 있는 시스템을 마련하고자 호흡기감염클리닉을 설치"하게 되었고, "진료 과정에서 호흡기 전문의 등 의료진이 선별진료소 방문을 권고하기도 해 1차 진료의 효과"도 있었다고 한다.[18]

즉 민간 병원에서 코로나19 의심환자 또는 유증상자에 대한 진료 부담, 기피 등으로 호흡기 관련 진료에 어려움을 겪고 있다. 이에 코로나19와 역학적 관련성이 적은 단순 감기나 발열 등 진료가 거부된 환자 등을 대상으로 진료를 진행함으로

써 이러한 문제를 깔끔하게 해결했다. 이는 하남시 의사회에서 나섰고, 행정에서는 시립 도서관(신장도서관) 공간을 제공하여 성사가 된 것이다.

또한 인근의 광주시와 감염병 공동 대응 협약을 체결했다. 일반적으로 인접한 지자체끼리는 경쟁 관계인 경우가 많으나, 개별 지자체가 가진 부족한 자원을 고려할 때 경쟁보다는 협력이 필요한 것이 현실이다. 광주시와 협약 내용은 의료·방역 인력과 시설·자원의 상호 지원, 감염병 관련 정보의 소통과 공유, 감염병 위기 상황 발생 시 공동 대응, 감염병 대응 역량 강화 협력 시스템 구축 등이다.

이렇듯 코로나19 상황에서 가장 돋보인 주체가 바로 지방정부다. 지방정부가 왜 필요한지, 어떤 역할을 수행할 수 있는지 그 능력을 보여주었다. 일각에서는 지방정부에서 새로운 리더십 모델이 등장할 수 있을 것이라는 조심스러운 전망이 제기되기도 했다(이일영, 2020)[19].

---

18) 하남시, "'호흡기감염클리닉'모델, 해외 언론도 주목", 보도자료
19) 김석현·김양희·김유빈·박성원·안병진·우철규·이상영·이일영·전병유, 2020, 『코로나19, 동향과 전망』 서울: 지식공작소.

03

재난과 시민사회

때로는 시민사회가 오히려 정부에 비해 더 나은 재난
대응 능력을 보여주는 경우도 있다. 재난에 의해 행
정의 매뉴얼이 제대로 작동하지 않을 경우, 오히려 시
민사회의 유연성이 현실에서 더욱 뛰어난 능력을 보
일 수도 있다.

재난 관리의 패러다임 변화에 따라 시민사회의 중요성 역시 점차 부각되고 있다. 재난에 대한 시민사회의 역할은 초기에는 국가와의 역할 분담에 초점을 맞추고 있었지만 점차 전방위적인 협력적 거버넌스 구축으로 성격이 변화하고 있다. 국가와의 분업이 신공공관리론에 기초하여 공공의 재난 관리 기능 일부를 민간 부문으로 넘기는 동시에 사회 각 부분이 국가에 대한 의존을 줄이고 자체적인 위험 관리를 해야한다는 논리에 기초한다면, 협력적 거버넌스는 민관의 토론과 협력을 통해 재난 관리의 전반적인 내용을 공동 결정한다는 것을 의미하지만 재난에 대한 책임은 기본적으로 공공 부문이 맡는다.[20] 이런 흐름 속에서 이제는 재난 관리(disaster management)가 아니라 '재난 거버넌스(disaster governance)라는 주장이 힘을 얻고 있다(이영희, 2014)[21]. 항상 거버넌스 논의에는 '시간낭비'라는 꼬리표가 붙지만 역으로 거버넌스를 통한 원활한 의사소통이 오히려 재난 대응 능력을 높인다는 반론도 존재한다.

보다 구체적으로 재난에 대한 시민사회의 역할이 필요한 이유는 다음과 같다. 첫째, 다른 영역과 마찬가지로 정부 실패(government failure)의 가능성이 존재한다. 한국의 세월호 참사, 미국의 카트리나, 일본의 후쿠시마 원전처럼 정부가 재난에 적절히 대응하지 못하고 허둥대는 무수한 사례가 존재한다. 좀 더 확장시켜 생각해보면, 재난 관리의 전문가주의(professionalism) 역시 고민할 필요가 있다. 최근 코로나19에 맞서는 정은경 질병관리본부장의 활약(!)으로 인해 '정은경 신드롬'이라고 부를 만큼, 전문가에 대한 믿음과 신뢰가 커졌다. 그러나 최근까지 마스크 착용을 권장하지 않았던 WHO(국제보건기구)처럼 전문가를 무제한적으로 신뢰하는 것은 고민할 필요가 있다. 더욱이 기존 질서와 규칙이 무너지는 뉴노멀 상황에서 지금까지 재난 관리의 선봉에 있던 정부(특히 중앙정

---

20) 사실, 재난의 최대 피해자가 결국 시민이라는 점에서 책임소재를 따지는 것은 무의미하다고 볼 수 있다.
21) 이영희, 2014, "재난 관리, 재난 거버넌스, 재난 시티즌십", 『경제와사회』No.104. 비판사회학회, 56~80쪽.

부)와 전문가만으로는 앞으로 닥쳐올 예측 불가능한, 그러나 반드시 일어날 재난에 대응하기가 쉽지 않을 것으로 보인다.

둘째, 재난 불평등을 조금이라도 완화하기 위해서 시민사회의 개입이 필요하다. 한때 재난은 평등하다는 주장이 있었다. 즉, 미세먼지는 부와 권력에 따라 불균등하게 배분되지 않는다는 것이다. 그러나 실제로 재난은 자체로 불평등하게 찾아온다. 세상은 미세먼지가 불어도 야외에서 일을 해야 하는 사람들과 공기청정기를 팡팡 틀고 실내에서 휴식을 취할 수 있는 사람으로 나뉜다. 심지어 재난은 불평등을 더욱 분명하게 드러내는 한편 그 격차를 강화한다. 코로나19에 직면하여 노동자들은 크게 재택근무와 유급휴가를 사용할 수 있는 그룹, 출근을 하거나 무급휴가를 사용하는 그룹, 해고를 당하는 그룹으로 나뉘었다. 아침 출근길 지하철에서 보는 비슷해 보이는 사람들이 실상 매우 다른 세계에 살고 있다는 것이 밝혀졌다. 더 큰 문제는 재난이 끝나고 복구하는 과정에서 자원이 불평등하게 배분되고, 심지어 재난 이후에 불평등을 더욱 악화시키는 방향으로 정치적 결정이 내려진다는 것이다. 예를 들어, 카트리나 이후 뉴올리언스 복구 과정은 인종에 따른 불평등한 자원 배분을 생생하게 보여주었으며 나오미 클라인은 '재난 자본주의'라는 개념으로 재난 이후 불평등이 심화되는 양상을 설명한 바 있다.

마지막으로, 때로는 시민사회가 오히려 정부에 비해 더 나은 재난 대응 능력을 보여주는 경우도 존재한다. 재난에 의해 행정의 매뉴얼이 제대로 작동하지 않을 경우, 오히려 시민사회의 유연성이 현실에서 더욱 뛰어난 능력을 보일 수 있다. 행정은 일종의 시스템이며 시스템은 관행과 매뉴얼을 통해 작동한다. 그런데 재난이라는 새로운 사건이 발생할 경우, 특히 사건이 관행을 넘어설 경우 시스템은 제대로 작동하지 못한다. 대규모 인명 피해가 발생한 재난에서 우리는 자주 행정이 왜 이렇게 오작동 하는지 의아해한다. 그리고 결국 사람의 잘못, 인재라고 쉽게 결론 내린다. 그러나 많은 경우, 생각하지 또는 예상하지 못한 상황에서 발생하는 시스템 오작동이 문제가 된다. 이런 과정을 통해 시스템 개선이 일부 추진되지만 재난이라는 특수상황에서 완벽한 매뉴얼은 불가능한 것으로 볼 수 있다. 반면 시민사회는 정해진 규칙이 없고 현장에서 겪은 재난을 보고 임기응변식으로 대응할 수밖에 없다. 행정이 사라지거나 마비되면 시민사회의 자율성과 유연성은 더욱 커진다. 일견 주먹구구식으로 보이지만 재난의 현장에서는 빛을 발할 수 있다. 그래서일까 많은 재난 영화, 특히 좀비물에서 시스템의 절정체인 군인은 별로 힘을 쓰지 못하는 반면 오히려 민간인이 생존하는 모습으로 묘사되는 경우가 많다. 일련의 근거를 제외하더라도, 이제 더 이상 국가와 행정이 모든 것을 담당할 수 없는 시대가 도래했다는 사실만으로도 시민사회의 역할, 특히 재난 상황에서 시민사회의 역할은 분명하다.

재난 과정에서 시민사회의 역할을 구성하면 다음과 같다. 첫째, 재난 발생 전 예방과 대비 단계에서의 역할이다. 이때 핵심적인 것은 재난 교육자로서 시민들의 재난 역량을 강화하는 것이다. 가이드라인을 숙지하고 시뮬레이션을 통해 발생 가능한 상황들에 대한 대책을 마련하고 재난 시 작동할 수 있는 자원봉사 체계를 구축한다. 특히, 중요한 것은 이러한 과정을 정기적인 교육 훈련을 통해 지속하는 것이다. 그 다음으로 민·관 그리고 민·민의 재난 네트워크를 구축하는 것이다. 구성원 간에 연락 채널을 확보하거나 협력 체계를 구축하며 일상적인 정보 공유를 시도한다. 주기적으로 자문회의나 워크숍, 토론회 등을 통해 재난 공론장을 운영하며 재난 관리 능력의 빈틈을 보완한다.

둘째, 재난 발생 중 대응 단계에서 역할이다. 이때 시민사회는 주로 서비스 제공자로서의 역할에 집중한다. 재난 피해자들에게 자원봉사를 제공하거나 구호물품을 전달하고 대피장소를 소개한다. 이때 다양한 네트워크를 활용하여 피해자가 필요로 하는 적절한 서비스와 재화를 연결시키는 것이 중요하다. 재난 발생 과정에서 시민사회가 더 큰 역할을 하는 것은 책임성과 위험발생 등으로 인해 제한된다. 우리는 영화에서 재난 상황에서 민간인의 영웅적 활약(?)을 보며 열광하지만 현실에서는 쉽지 않은 일이다. 물론 감시자로서의 역할은 여전히 유효하다. 예를 들어, 재난에 적절히 대응하고 있는지에 대한 감시와 재난 상황에서 정부와 기업이 일으키는 다양한 일탈 행위에 대한 감시를 할 수 있다. 그러나 아직 한국에서는 재난 과정에서 감시자로서 시민사회의 역할을 그리 발전하지 못한 것으로 판단된다.

셋째, 재난 상황이 끝나고 회복과 재활 단계이다. 이때 시민사회의 역할은 크게 두 가지로 나뉜다. 재난 이후 다양한 원인 규명과 시스템 개선을 요구하는 정부를 상대로 하는 역할과 피해자를 돕고 시민들의 회복을 지원하는 시민사회 내부의 촉진자로서의 역할이다. 전자는 다양한 사회적·정치적 자원을 조직하여 원인 규명 및 책임자 처벌, 안전사회 조성 및 재발 방지 대책 등을 요구하는 것이다. 재난으로 인한 불평등을 비롯한 다양한 문제를 제기하고 이에 대한 제도 마련을 촉구하는 것도 중요한 역할이다. 한국에서는 세월호 대책위가 대표적인 사례로 볼 수 있다. 후자는 피해자 간, 시민 간, 피해자와 시민 간 대화를 촉진하고 연결을 통해 갈등을 완화하고 서로의 협력을 촉진하는 한편, 마음돌봄 등을 통해 재난으로 인한 상처를 치유하는 데 주력한다. 예를 들어, 민간에서 조직한 트라우마센터 등이 대표적이다.

단계별로 시민사회의 역할을 분류한 틀로서 한국의 재난과 시민사회를 분석하면, 다음의 정리가 가능하다. 첫째, 시민사회는 예방 단계에서 형식적인 역할에 그치는 경우가 많다. 각 지자체에 관련 거버넌스와 주민조직(자율방재단 등)이 일부 존재하지만 실질적으로 작동하거나 역할을 한다고 보기 어렵다.

둘째, 재난 과정에서 서비스제공자로서의 역할은 충분하게 담당하고 있지만 감시자로서는 아직 충분하지 않다고 평가할 수 있다. 특히 코로나19 상황에서 시민사회는 감시자로서는 매우 무기력했다.

셋째, 재난 이후 시민사회의 역할은 아직 걸음마 단계에 있는 것으로 평가할 수 있다. 정부는 재난 이후 시민사회가 관련 의사결정에 참여하는데 그리 우호적이지 않았고 시민사회 스스로도 어느 정도까지 역할을 해야 하는지 합의를 이루지 못한 것으로 보인다. 또한 후속 과정에서 시민사회가 내부적으로 분열되어 갈등하는 양상이 자주 포착되었다.

이러한 양상은 코로나19에서도 유사하게 전개될 가능성이 크다. 시민사회 진영은 코로나19와 같은 감염병에 대해서는 더욱 경험이 부족했고 준비된 것이 없었다고 평가할 수 있다. 진행 과정에서 서비스 제공자로서는 여전히 훌륭한 역할을 했지만 감시자로서 시민들의 인권 침해, 사각지대와 취약 분야에 대한 관심 촉구 등을 충분히 했다고 보기 어렵다. 더 큰 문제는 앞으로다. 코로나19가 언제 끝날지 미지수지만 이미 한국형 뉴딜 등 정부의 포스트 코로나 정책과 행동은 시작되었다. 시민사회는 포스트 코로나에 어떤 대안을 가지고 있는가? 시민사회는 코로나19로 인한 피해와 손실을 어떻게 회복할 것인가? 상처받은 시민들의 마음을 어떻게 돌볼 것인가? 이에 대한 충분한 논의 없이 뉴딜로 인해 쏟아지는 일자리, 다양한 정책 사업을 수행하느라 시민사회가 상당 기간 휘청거릴 것으로 예상된다.

04

코로나19와 지역 시민사회의 대응

코로나19에 직면하여 지역 시민사회는 전형적인 서비스 제공자로서의 역할에 충실했다. 재난의 직·간접적 피해자들에게 마스크와 소독제를 제공하고 도시락과 반찬 배달 등을 충실하게 수행했다. 특히 이번 코로나19 시기는 수급 불안정에 맞서 마스크를 공급하는 것이 시민사회의 매우 중요한 역할이 되었다. 지역 시민사회를 좀 더 내밀하게 살펴보면, 지역마다 편차가 있지만 전통적인 관변단체와 새로운 혁신그룹의 이질성이 포착된다.

코로나19를 통해 시민사회가 보여준 모습에 대해서는 3중
적 평가가 나타났다. 첫째, 정부에 자발적으로 협력하여 사회
적 거리두기를 비교적 충실히 수행했다. 의료진과 자원봉사
자들의 헌신과 자기 희생하는 모습을 보여주었고 서비스 제
공자로서 마스크 생산을 비롯한 다양한 서비스를 생산하고
분배했다.

　　둘째, 자가격리 이탈자로 상징되는 다양한 일탈행위에서
공동체의식 부재도 일부 포착되었다. 물론, 이는 재난의 책임
을 개인에게 돌리려는 이데올로기적 공세라는 비판도 있지만
공동체 차원에서도 그리 긍정적으로 평가하기 어렵다.

　　셋째, 인권과 사회적 약자에 대한 무관심이다. 개인의 동
선 공개는 당연시되었고 특정 지역과 인구집단(마이너리티)에

대한 공격이 만연했다. 장애인과 노인요양병원 입원환자와 같은 사회적 약자가 어떻게 살아가고 있는지에 대해서 무관심하면서 전체의 안전을 위해서는 봉쇄도 가능하다는 입장을 드러내기도 했다. 일련의 평가에 대해서는 다양한 논의가 가능하지만 일단, 철학적 분석을 제외하고 지역 시민사회에 대한 논의로 압축하면 첫 번째, 서비스 제공자로서 지역 시민사회에 대해 좀 더 심층적인 분석이 필요하다.

앞서 언급한 것처럼 코로나19에 직면하여 지역 시민사회는 전형적인 서비스 제공자로서의 역할에 충실했다. 재난의 직·간접적 피해자들에게 마스크와 소독제를 제공하고 도시락과 반찬 배달 등을 충실하게 수행했다. 특히 이번 코로나19 시기는 수급 불안정에 맞서 마스크를 공급하는 것이 시민사회의 매우 중요한 역할이 되었다. 지역 시민사회를 좀 더 내밀하게 살펴보면, 지역마다 편차가 있지만 전통적인 관변단체와 새로운 혁신그룹의 이질성이 포착된다. 민선5기 이후 지역 시민사회는 흔히 관변단체, 직능단체로 불리는 전통적 그룹과 마을공동체, 사회적경제 등 다양한 혁신정책을 통해 새롭게 등장한 그룹으로 나뉘어 있다.[22] 전통적 그룹은 이미 과거부터 유구한 봉사활동의 역사와 경험을 가지고 있으며 중앙과 지부의 유기적 연계를 통해 일사불란하게 움직인다는 특징을 가진다. 이번 코로나19에 대한 대응 활동에서도 조직적으로 다양한 서비스(홍보·캠페인, 후원금 제공, 마스크 및 소독제 제공, 방역 작업, 생필품 및 도시락·반찬 제공, 보조금 반납, 소비촉진활동, 노동력 제공 등) 제공 활동을 수행한 바 있다. 온라인 기사와 다양한 SNS를 통해 파악한 바로는 혁신그룹 역시 코로나19에 직면하여 관변단체와 별반 다르지 않은 활동을 전개한 것으로 관찰된다. 이는 결코 비판할 내용이 아니며 일부 활동가들은 오히려 이런 활동이 혁신그룹의 성장과 유연성을 보여주는 사례로 자평하기도 했다. 다양한 혁신그룹 활동가의 대화 속에서 코로나19라는 감염병의 특수성 때문에 문제제기형 활동을 하기 어려웠고, 사회적 거리두기를 충실히 따르는 것이 이 시기의 시민사회의 올바른 방향이라는 견해도 자주 들을 수 있었다. 그러나 코로나19 대응 방식에 대해 전통적 그룹은 동원형 시민사회의 전형으로서 충분히 이해할 수 있었지만 혁신그룹의 반응은 분명 무언가 어색하고 불편한 부분이 있다. 특히 코로나19의 정부 대응이나 코로나19 전개 과정에서 시민사회

---

22) 혁신그룹에는 민선5기 이전부터 지역 활동을 했던 오랜 활동가들이 포함되어 있기 때문에 새롭게 등장했다는 표현이 어색할 수 있다. 지역운동사를 다루는 것이 본 글의 목적이 아니며 지역시민사회의 가장 큰 두 그룹을 표현하기 위한 편의적 방식으로 양해를 구한다.

23) 사이토 준이치. 2009, 『민주적 공공성 - 하버마스와 아렌트를 넘어서』 윤대석, 류수연, 윤미란 옮김, 이음

가 성찰해야 할 다양한 문제가 드러났음에도 불구하고 혁신그룹은 왜 이렇게 무기력했던 것일까?

공공성의 위기와 협치의 한계

공공성은 모든 사람들과 연관된 공통된 공동 이익 추구라는 의미를 가진다(사이토, 2009)[23]. 그런데 우리는 공동 이익을 형성하지 못했다. 과거 경제 성장이 유사한 의미로 수용되었지만 이미 신화는 깨졌다. 공동 이익을 만들지 못하면서 공적 문제에 대한 시민들의 참여의지가 약화되었다. 공공성 역시 점차 약화되었고 사적 이익이 지배하는 사회가 되었다. 즉, 반상회가 사라졌고 대부분의 직능단체는 심각한 고령화 현상을 겪고 있다. 그리고 평범한 시민들이 참여하는 단위들을 일종의 지대추구자(rent-seeker)로 인식하는 경향이 일반화되었다.

그간 시민사회는 공공성 강화를 국가의 강화로 오해했고, 공동체를 고민하기보다는 개인의 자유와 권리를 확보하는 데 주력했다. 시민사회는 북유럽 등의 복지국가를 이상화하면서 국가의 강화를 추진하는 동시에 권위주의 국가유산, 유교적 질서에 대항하는 의미로 개인을 절대화하는 경향을 나타냈다. 공동체는 무엇인가 올드한 것으로 인식되었고 마을공동체는 불가능한 것, 시대착오적인 것으로 규정했다. 쿨하거나 힙(hip)하지 않은 공동체 활동에 청년들은 무관심했고 중장년층은 먹고 살기 바쁘다는 이유와 함께 자신들의 고정관념(참여하는 시민들은 일종의 지대추구자다)을 굳건하게 유지하고 있다. 이제 남은 사람은 노인뿐이다.

혁신그룹의 분투가 있었지만 여전히 시민사회 전반은 이러한 구조가 지배하고 있으며 시민 대다수의 심성 구조 역시 변하지 않았다. 심지어 이러한 양상은 코로나19를 통해 더욱 강화되었다. 일단 절대적 정보 부족으로 인해 모든 사회구성원이 위축될 수밖에 없었다. 이런 배경에서 시민들은 사회적 거리두기를 적극적으로 수용하면서 각자도생을 위해 노력했고 국가는 공적 책임을 슬그머니 숨기고 개인에게 책임을 전가했다. 사실 사회적 거리두기는 개인화된 사회와 딱 맞는 선택지이기도 하다. 혁신그룹이 충분한 사회적 지지를 확보하지 못했기 때문에(시민들을 조직화하지 못했기 때문에), 만약에 감염이 발생할 경우 받게 될 엄청난 비난을 감당할 자신도 없다. 이런 상황 속에서 선택할 수 있는 것은 결국 마스크와 손소독제를 만드는 것뿐이다(결코 이런 활동을 평가절하 하려는 것이 아니다).

민선5~7기 진행된 협치의 한계를 지적할 필요도 있다. 코

로나19에 직면하여 민선5~7기 간 발전한 협치와 거버넌스는
시민들의 공적 참여를 위한 제도로서 기능한 것이 아니라 시
민사회의 활동을 억제하는 요인으로 작동했다. (지역)시민사회
와 지방정부의 관계가 다양한 협치와 거버넌스 정책과 사업을
통해 밀접해지면서 행정의 요청에 따라 시민사회의 활동이 중
단되는 양상이 나타났다. 그간 재난 발생 시 어떻게 할 것인
지에 대한 논의는 거의 없었고 활동 중단 과정 역시 협치적으
로 진행되기보다는 통보에 가까운 것으로 보인다. 이는 '참여
의 사다리'를 빗대면 아직 협치의 사다리 타기가 낮은 수준에
서 비롯된 것으로 볼 수 있고 재난 거버넌스가 충분히 발전
하지 못한 탓으로도 볼 수 있다. 어떻게 해석하든 간에 지금
까지의 협치가 행정에 의한 초대의 무대였다는 것을 재확인하
는 순간이었고 지방정부의 운영에 그리 중요한 과제가 아니라
는 점을 드러냈다.

공공성의 위기와 협치의 한계를 극복하기 위해 시민사회
는 두 가지 고민이 필요할 것으로 보인다. 우선, 마을공동체를
비롯한 공동체 지향의 혁신운동의 지속가능성을 확보하는 것
이다. 시민사회의 구조와 시민들의 심성을 돌파하기 위해서 아
직 더 많은 시간이 필요하다. 둘째, 협치의 재구성을 위해 지
방정부와의 관계를 좀 더 많이 고민해야 한다. 비판자로서 거

리두기를 할 것인지, 아니면 전략적 관계를 강화하는 방향으로 밀착할 것인지 선택해야 할 것으로 보인다. 최소한 현상 유지는 아닌 것으로 판단된다.

05

대안적인 한국형 뉴딜연합의 필요성

한국형 뉴딜연합의 중요한 축은 바로 지방정부와 지역 시민사회, 다양한 풀뿌리 시민들이 되어야 한다. 이들이 바로 사회경제적 취약집단과 가장 가까운 곳에 위치하면서 그들을 지원하기 위해 노력하는 집단이기 때문이다.

최근 재난의 복구 과정으로 등장한 '한국형 뉴딜' 논의는
기존의 IT, 대기업 위주로 자원의 불균등한 배분을 예고하고
있다. 재난에 따른 피해를 가장 심하게 입고 있는 취약집단은
경제적으로는 영세자영업자, 아르바이트, 프리랜서, 특수고용
직 등이며, 사회적으로는 돌봄의 사각지대에 놓인 장애인, 맞
벌이 또는 한부모가정, 요양원에 있는 노인 등이다. 결국 기존
시스템 내에서 사회적 약자가 재난에 직면하여 더욱 주변화되
어 밀려나가는 형국이며 불안정이 더욱 강화되는 양상이다. 우
리는 지금 실체도 불분명한 뉴노멀이 실현되는 역사적 현장을
목도하고 있다. 코로나19로 인한 사회경제적 위기에 맞서기 위
한 것이 뉴딜의 목적이라면 최소한 시작은 이들 취약계층의 사
회경제적 문제에 대한 답을 제시하는 것이 타당하지만 한국형

뉴딜을 비롯한 일련의 논의들은 취약계층과 재난불평등에 대해서는 충분한 답을 제시하고 있다고 보기 어렵다.

한국형 뉴딜의 한 축을 구성하는 그린뉴딜 역시 고민스럽다. 이제는 기후위기에 분명하게 대응해야 한다. 유럽연합이 그린딜(Green Deal)을 추진하고 미국 내에서 그린뉴딜이 힘을 얻고 중국이 '생태문명' 건설을 외치고 있다. 지속가능성처럼 순한 표현이 아니라 당장 생존의 문제가 달려 있다고 보고 담대한 전환을 추진해야 할 것이다. 그런 측면에서 현재 다양한 각도에서 논의되고 있는 그린뉴딜에 대한 더 많은 토론과 더 많은 실천을 만들어내는 것이 중요한 과제다. 그런데 지금 중앙정부가 주장하는 그린뉴딜은 담대하지도, 절박하지도 않다. 충분한 토론과 실천이 담보되지도 않았다. 자칫 이명박 정부의 녹색성장처럼 '그린'을 경기부양책의 일환처럼 희화화할 가능성마저 엿보인다. 기후위기라는 거대한 도전에 맞서 우리는 세계대전과 같은 총력전(Total War)을 준비해야 한다. 그런데 한국형 뉴딜의 현실 인식은 너무 낙관적이고 흐릿하다.

이런 상황에서 대안적인 한국형 뉴딜모델과 뉴딜연합의 필요성이 점차 커지고 있다. 중세 유럽의 흑사병, 1930년대 대공황이라는 재난은 좀 더 평등하고 민주적인 체제로 이행하는 데 기여했다. 코로나19 역시 더 나은 세상으로 갈 수 있는 가능성은 존재한다. 그러나 이것이 역사의 필연은 아니다. 중세 유럽의 농노와 상인들의 다양한 형태의 저항, 미국 노동계급의 지속적인 투쟁이 중세의 가을을 이끌었고, 뉴딜연합을 형성했고, 뉴딜정책이라는 기존의 패러다임을 넘어서는 대전환을 야기했다. 결국 세상의 변화는 넓은 의미의 정치에서 출발한다.

시간이 촉박하기 때문에 모델을 먼저 만들고 연합을 형성하는 것은 너무 늦다. 연합을 만들고 모델을 토론하는 것이 바람직하다. 그런 측면에서 대안적인 한국형 뉴딜연합을 형성하는 것이 중요하다. 뉴딜이 단순히 정치적 레토릭이나 총수요를 확보하려는 경제 정책에 국한되어서는 곤란하다.

한국형 뉴딜연합의 중요한 축은 바로 지방정부와 지역 시민사회, 다양한 풀뿌리 시민들이 되어야 한다. 이들이 바로 사회경제적 취약집단과 가장 가까운 곳에 위치하면서 그들을 지원하기 위해 노력하는 집단이기 때문이다. 사실 주변화가 더욱 심화될수록 지역에서 더 많은 실질적인 부담을 담당해야 하는 집단이 바로 지방정부와 지역주민이다. 즉, 현실과 가치의 측면 모두에서 뉴딜이 제 방향으로 갈 수 있도록 힘을 모아야 하는 주체들이다. 이미 민선5기부터 축적된 다양한 협치의 경험을 가지고 있기 때문에 협력도 상대적으로 수월하다. 수십 년의 역사를 가진 자치분권운동이라는 든든한 마중물도 존재한다. 한국형 뉴딜연합의 가능성은 어느 때보다 높다.

코로나19는 언제 종식될지 모른다. 우리는 이제 포스트 코로나(Post Corona)가 아니라 위드 코로나(With Corona)의 시공간 속에서 살아가야 한다. 기후위기와 맞물려 이제 재난이 영속화·일상화될 것으로 예상된다. 주로, 사회경제적 차원에서 언급되던 뉴노멀은 이제 자연과 결합되어 진정 "전례 없고 불안하고 원하지 않은" 현실을 우리에게 보여주고 있다. 이를 버틸 수 있는 힘과 공간은 결국 지역일 것이다.

위험 사회의 도래 이후 현대사회의 반복된 다양한 재난은 지역의 중요성을 명백하게 확인시켜 주었다(전대욱, 2014)[24]. 여러 연구를 통해 지역공동체의 역량에 따라 재난에 대한 대응능력과 회복력에도 차이가 확인된다(김도균, 2011)[25]. 즉, 진정한 뉴노멀에 대한 대응은 지역에서 출발해야 한다. 지구화의 가을이 도래했고 이제 로컬의 봄이 보이기 시작한다. "지구적

---

24) 전대욱, 2014, "재난안전분야: 4가지 회복력을 갖춰야". 『Future Horizon』 21호. 과학기술정책연구원
25) 김도균, 2011, 『환경재난과 지역사회의 변화: 허베이스피리트호 기름유출사고의 사회재난』 파주: 한울

으로 생각하고, 지역적으로 행동하라!"

포스트 코로나가 아니라 위드 코로나로 상황이 장기화됨에 따라 이러한 양상이 어떻게 변화할지 가늠하는 것이 어려워지고 있다. 여러 전문가들과 매체에서는 국가의 강화를 확신에 찬 어조로 말하고 있고, 한국을 비롯해 여러 국가의 중앙정부는 엄청난 규모의 경기부양책을 제시하면서 다시 주인공으로 복귀하려는 모습을 보여주고 있다.

그러나 최근 중앙정부의 한국형 뉴딜에 대한 논의 중에서 그린뉴딜 등 일부 내용은 오히려 지방정부의 내용이 훨씬 구체적이고 의미가 있다는 평가가 있다(이유진, 2020)[26]. 현장과 주민을 가진 지방정부의 정책 능력과 집행 능력은 앞으로 더욱 커질 것이며 자치분권의 흐름과 맞물려 코로나19 과정 그리고 이후에 지방정부의 강화가 예상된다. 지방정부는 이제 상당한 자신감을 가지게 되었고 법·제도적으로 지방정부의 역할이 커질 것으로 보인다.

중요한 것은 이러한 지방정부의 강화가 어떤 방향으로 향할 것인지에 있다. 공공성을 강화하는 방향으로 가는 것은 비교적 명확한 것으로 판단되는데, 이때 공공성이 행정 주도가 아니라 민간과의 협치적 방식으로 진행되는 것이 필요하다.

이는 단순히 당위의 측면이 아니라 지방정부의 한정된 자원을 극복하는 중요한 방법이 거버넌스라는 것과 함께 향후 자치분권을 위해 지역주민을 든든한 우군으로 만드는 것이 필요하다는 현실적 이유에서 기반한다.

미국은 카트리나 이후 지방정부 차원에서 시민참여를 토대로 한 공공정책을 수립한 것으로 알려져 있다(고동현, 2015).[27] 미국은 선진 민주주의 국가이고 한국은 그렇지 않기 때문에 어렵다는 주장은 이제 시대착오적이다. 코로나19를 통해 한국은 세계 표준을 이야기할 정도로 충분히 선진화된 시스템을 가지고 있다는 것을 입증했다.

앞으로 기후위기로 인해 사회와 자연을 넘나드는 다양한 엄청난 규모의 재난이 예상된다. 바야흐로 '재난의 일상화'라는 표현이 딱 맞는 시대가 도래하고 있다. 지방정부가 슈퍼맨이 아니기 때문에 결국 재난에 대응하기 위해 민관 거버넌스의 중요성은 점차 커질 것이다.

재난 대응을 위한 협력과 속도에 거버넌스가 도움이 된다

26) 이유진, 2020, "어떤 그린뉴딜이어야 하는가?", 지역에서 시작하는 그린뉴딜 자료집
27) 고동현, 2015, "사회적 재난으로서 허리케인 카트리나", 『한국사회정책』(22집 1호), 83~119쪽
28) 김용균, 2018, 『한국 재난의 특성과 재난 관리』, 서울: 푸른길
29) 한신·아와지 대지진, 1995년 1월 17일 발생, 사망자 6,434명, 부상자 43,792명, 주택 피해(전괴·반괴) 249,180동

는 연구결과도 존재한다(김용균, 2018).[28] 일본의 경우, 1995년 한신·아와지 대지진[29]에 직면하여 행정기능이 마비되면서 시민 주도의 자율적 공동체가 형성되고 NGO, NPO가 복구를 주도했다(가즈노리, 2019).[30] 미국의 카트리나 재난 당시 뉴올리언스에서는 중앙정부와 지방정부 모두가 내용에 무기력했지만 시민사회는 탁월한 재난 대응 능력을 보여준 바 있다. 이때 시민사회단체가 구호품 등을 공급했고 시민들은 온라인을 기반으로 피난민들에게 주택을 공유하는 등의 자발성을 보여준 바 있다.

지금 미국에서는 국가가 혼자서 시민을 보호할 수 없으며 공공 안전 서비스를 국가가 전담하는 방식에서 국민과 함께하는 방식으로 전환해야 한다는 시민보호(Civil Protection)의 개념이 등장했다(김용균, 2018). 이전까지 수직적 명령 체계, 시민 참여 배제, 법과 질서의 강화, 비밀 유지 원칙 등이 지배하던 재난 영역에서 이제는 공공 참여, 협력, 문제 해결과 개방의 원칙이 강조되기 시작한 것이다.

어떻게 보면 지금까지의 협치가 추상적이고, 당위적인 어떤 것이었다면 이제 우리는 생존을 위해 협치를 해야 하는 시

---

30) 가와무라 가즈노리, 2019, 『일본의 재난·안전과 지방자치론』, 김영근·김경림 옮김. 진인진

대에 살게 되었다. 협치가 지방정부의 권력을 시민에게 뺏긴다고 생각하거나 일회성 사업처럼 인식할 것이 아니라 더 큰 권한과 자원을 확보하기 위한 전략으로 사고할 필요가 있다. 시민과 지방정부 모두 생각의 전환이 필요한 시점이다.

2부

포스트 코로나와
지방정부의 미래

2부에서는 미래자치분권연구소에서 '포스트 코로나와 지방정부의 미래'라는 제목으로 진행한 월례포럼을 정리했다. 모두 2회에 걸쳐 진행했으며, 좌담의 내용을 주제별로 정리하지 않고, 육성 그대로 실었다. 그 이유는 이 문제와 관련하여 누구보다도 더 많이 고민하고 연구하는 당사자들의 생생한 이야기를 듣고자 함이다.

제1회에는 이기호 교수(한신대학교 사회혁신경영대학원장)의 진행으로, 제종길 사무총장(전국시장군수구청장협의회), 전성환 사무총장(대한민국시도지사협의회), 김병권 소장(정의정책연구소), 유창복 소장(미래자치분권연구소)이 참석하여 코로나 사태 속에서 지방정부가 갖는 의미에 대해서 다각도로 조명하고 있다.

제2회에는 문석진 서대문구청장(자치분권지방정부협의회장)의 진행으로, 안승남 구리시장과 염태영 수원시장이 지방정부의 사례 및 통찰을 보여주었고, 정건화 교수(한신대학교 경제학과)와 이관후 연구원(경남연구원), 유창복 소장(미래자치분권연구소)이 자치분권의 세부 의미와 전략에 대해서 밝혔다. 정리와 재구성은 김다예 연구원(미래자치분권연구소 책임연구원)이 했다.

01

재난 시대, 지역이 답인가?

지방정부 역할이 크다고 하지만 일부 전문가들이 아무
리 이야기한다고 해서 실제로 지방정부의 역할이 커지
는 건 아니다. 지방정부의 역할이 실제로 커지는 데 결
정적인 역할을 하는 것은 지역에 사는 주민들, 주민과
호흡하는 지역 커뮤니티들, 그리고 지역 시민사회이다.

코로나 이후 글로벌,
그리고 한국 사회의 변화 방향은 무엇인가?

이기호(사회, 한신대학교 사회혁신경영대학원장) : 코로나의 영향으로 우리 사회, 또 글로벌 사회가 어떻게 변화할 것인지 특히 국가와 지방분권 문제에 관해서 이야기를 나눕니다. 코로나 이후의 시대에 여러 상상력과 필요한 가치들을 재조명하면서 우리 사회의 미래를 같이 구상해보는 토론이 되지 않을까 합니다. 코로나의 파급 효과가 너무 깊고, 길고, 넓습니다. 전 세계가 경험하는 팬데믹 상황이기도 하고 시간적으로는 '비포 코로나(Before Corona)'와 '애프터 코로나(After Corona)', 이른바 BC, AC로 나누는 사람이 있을 정도로 큰 파급력을 갖고 있는 현상입니다. 그래서 오늘 첫 번째 질문은 포스트 코로나를 어떻게 이해할 것인가? 포스트 코로나, 글로벌, 그리고 한국 사회의 변화 방향은 어떠할 것인가에 대해서 논의합니다.

김병권(정의정책연구소장) : 코로나 이후 우리가 체감하는 생활 변화는 비대면 생활이 일반화된 것입니다. 세계가 봉쇄라는 말이 나올 정도로 서로 사회적 거리두기를 하고, 휴학하고, 휴업하고, 도서관 등 모든 공공시설들이 문을 닫았습니다. 만나서 이야기하고 회의하던 흐름에서 벗어나서 화상으로 이야기를 하고 집에서 재택근무를 하는 등의 일들이 굉장히 많이 늘어났습니다. 이제 '비대면 비즈니스'가 활성화된다는 이야기가 나올 정도로 '비대면'은 우리의 일상을 크게 바꿔 놓았습니다.

두 번째는 지방자치를 포함해서 국가의 기능과 공공성의 기능이 다시 한 번 관심을 받는 계기가 되었습니다. 그전에는 상품과 서비스를 전 국민에게 분배하고 조절하는 역할을 시장 경제가 하지 않았습니까? 그런데 최근에는 국가적인 재난 상황, 비상상황이 되다 보니 오히려 시장이 이러한 기능들을 못 하게 되고 국가와 행정이 전면적으로 이 기능에 뛰어들고 있는 것처럼 보이는데요. 우리가 지금 주민등록번호 뒷자리로 날짜를 받아서 사고 있는 마스크도 이전에는 시장에서 구매하면 되는 일이었는데, 최근에는 국가가 '공적마스크'라는 이름을 달고 국민들에게 공급하고 있지 않습니까? 또 코로나 영향으로 국민들의 소득 손실이 갑자기 커지니까 시장의 소득 분배를 통해서가 아니라 지방자치단체와 중앙정부가 재난지원금을 통해 손실을 직접 보전해주는 일들이 생겨나고 있고요. 마지막으로 우리가 특이하게 봐야할 것은 의도한 것은 아니지만 코로나 재난으로 인해 비행기, 자동차 등 이용이 줄면서 하늘과 대기가 깨끗해지고 있습니다. 얼마 전 외신보도도 있었는데 히말라야 산맥에서 약 150km 떨어진 인도의 도시에서 히말라야 산맥이 30년 만에 처음으로 선명하게 보이고 있다는 겁니다. 이런 추세로 가면 대기 중으로 배출되는 이산화탄소가 지난해보다 8% 줄어들 것이라는 아주 중요한 발표를 국제에너지기구가 하기도 했습니다. 우리도 최근 하늘을 보면 굉장히 깨끗해졌다는 것을 알 수 있는데 이것을 어떻게 살려나갈 것인지에 대한 것도 하나의 큰 화두라고 봐야 될 것 같습니다.

이기호 : 지금의 코로나는 아마 제1차, 2차 세계대전 이상으로 전 세계 모든 사람들이 경험하고 있는 하나의 고난이기도 한데요.

제종길(전국시장군수구청장협의회 사무총장) : 한국 사회의 변화 방향에 대해서 말씀드리겠습니다. 요즘 국회나 여러 단체, 또 언론에서 자주 볼 수 있는 것이 포스트 코로나, 코로나 이후 우리 사회가 어떻게 갈 것인가 하는 방향성을 찾는데 주목하는 것 같고, 그 방안 중 하나로 그린뉴딜을 들고 있습니다. 그린뉴딜은 환경문제를 개선하면서 그것을 산업화하면서 새로운 일자리를 만드는 뉴딜로 가야한다는 것이고 현재 유럽에서는 유러피안 뉴딜이라고 해서 유럽 여러 국가들이 이것에 집중하고 있습니다. 그러나 코로나 영향으로 유럽 국가 대부분이 주춤하게 되었는데, 이들보다 좀 더 빠르게 코로나 문제를 극복해 나가고 있는 우리나라에서 그린뉴딜을 직접적으로 여러 방향에서 검토하고 있습니다. 대통령도 이 문제에 대해서 언급할 정도이고요. 그러나 지금의 뉴딜은 스마트뉴딜, 휴먼뉴딜 등 너무 다양하게 분화되고 하물며 농촌뉴딜, 어촌뉴딜까지 가고 있어서 이 문제가 그냥 기존에 있던 것을 '뉴딜'이라는 단어만 붙여서 새로운 사업을 하는 것 아닌가, 또 국가예산을 들여서 기존에 하고 있던 사업을 유지하는 것 아닌가 하는 의문도 있습니다.

코로나 이후 우리 사회의 불균형과 양극화가 더 커질 것은 확실합니다. 일부 주민들은 줄 서서 마스크를 받아야 할 정도로 굉장히 통제되고 관리되는 사회에서 일자리를 잃고 생존을 걱정해야 한다면, 또 어떤 계층에 있는 분들은 소득이 늘어나고 오히려 더 안정된 생활을 유지할 수 있게 되는 등 불균형이 이미 일어나고 있습니다. 따라서 코로나 이후 우리 사회는 불균형 해소를 첫 번째로 놓아야 하고, 이 전제 하에 일자리 유지, 적어도 기존의 일자리가 늘어나지 않는다고 하더라도 일자리를 유지하고 향후 국민의 삶의 질까지 향상해야 합니다. 그린뉴딜 역시 기존 산업구조와 기능을 혁신시켜서 새로운 산업과 생산체제를 만들어야 하는 것인데 일자리가 유지되거나 늘어나야 한다는 대전제를 가지고 추진되어야 합니다. 즉, 코로나 이후 우리 사회가 급변할 것은 분명하고, 이 분명한 변화속에서도 국민생활의 안정을 위해서 불균형 해소와 일자리 창출·유지 등이 필요합니다.

이기호 : 염려하신 것은 기존의 신자유주의나 혹은 더 거슬러 올라가면 근대화, 산업화 과정에서 만들어진 구조화된 격차가 코로나 영향으로 심화되지 않을까 하는 것입니다. 뉴딜의 방법을 말씀하셨는데 일자리와 새로운 산업구조를 만들면서 국민의 행복을 보장할 수 있고, 일할 수 있는 자리를 창출하는 방향성까지 말씀해주셨습니다.

유창복(미래자치분권연구소장) : 비대면이 일상화되고 재난 상황이 더 강력해질 거라고 다들 말씀하셨는데, 코로나가

장기화가 아닌 일상화가 되고, 바이러스가 퇴치의 대상이 아니라 공존하면서 우리의 일상이 무너지지 않도록 하는 방법이 무엇인가라는 쪽으로 관점이 이동하고 있다고 봅니다. 그런데 우리가 비대면으로 얼마나 더 생활할 수 있을 것인가? 이것이 문제입니다. 이번에 이태원 클럽 전파도 그간 쌓였던 어떤 욕구들이 분출되는 현상이라고 봅니다. 어디로든 해소가 되지 않으면 안 되는 것인데, 무작정 비대면으로 갈 수 없는 현실이 있습니다.

둘째, 비대면은 불공평합니다. 자영업자는 장사가 안 되고, 특수노동자들은 일할 수 없는 상황입니다. 재택근무가 가능한 사람은 제한적입니다. 출근하지 않고도 월급을 받을 수 있는 사람은 극히 일부이기 때문에 비대면은 생존에 문제가 됩니다. 또 '선생님들이 미칠 만하면 방학하고, 엄마들이 미칠 만하면 개학한다'는 우스갯소리가 있는데, 이제 코로나로 이 돌봄의 역할분담이 무너졌습니다. 부모들, 노인들, 취약계층, 기저질환자들이 비대면에 의해서 방치될 가능성이 높아지고 있습니다. 그래서 비대면이 추세이면서도 어디까지 가능할 것인가가 걱정입니다. 따라서 무작정 비대면을 강조하기보다는, 익명의 사람들과 만나게 되는 게 문제이고, 너무 먼 거리의 이동을 하고 연결을 하니까 거기서 오는 예상치 못하는 전염, 감염의 위험이 컨트롤 안되는 게 문제라고 본다면, 근거리 이동으로 바꾸고 익명이 아니라 믿을 수 있는 관계를 유지해야 되는 거 아닌가, 의학적으로 물리적 거리는 유지하되 사회적 관계는 유지해야 사람이 산다, 그런 면에서 신뢰할 수 있는 사람들과의 근거리 생활권에서의 관계유지, 저는 그것이 마을이고 동네라고 생각합니다. 앞으로는 로컬이 중심이 되지 않을까, 그래서 언택트가 아니라 '로컬택트'로 우리 사회가 크게 바뀌지 않을까 예상해 봅니다.

이기호 : 비대면 사회에서 살아갈 수밖에 없지만 비대면 자체가 얼마나 비인간화시키고 황폐화시키는가, 그리고 비대면 세계가 신뢰가 상실된, 그래서 익명의 사회 속에서 만들어지는 부분이 있기 때문에 신뢰관계를 회복할 수 있는 마을과 동네를 새롭게 이해해서 언택트가 아닌 '로컬택트'라는 개념을 말씀해 주신 것 같습니다.

전성환(시도지사협의회 사무총장) : 코로나 사태를 겪으면서 전 세계적으로 또는 국내 상황에서 몇 가지 역설을 발견하게 되는데요. 전 세계 인구의 90%가 여행제한 국가가 된 것은 인류 발생 이후 처음이라고 합니다. 그리고 사실상 전 세계 30억 명 정도가 감금상태가 되고 그것이 마치 자연스러운 것으로 알려졌고요. 서구사회의 개인주의가 방역에 취약한 사회라는 것을 우리가 알게 된 것은 하나의 역설입니다. 우리가 동경했던 유럽의 도시들이 콤팩트도시라고 해서 압축도시로서의 성격을 가지고 있는데 그런 도시들이 방역에 매우 취약한 도시라는 것이 또 우리에게 주는 역설입니다. 한국 사회를 돌아보면 굉장히 선방하고 있다고 보는데 이것도 나름의 역설에 의존하고 있습니다. 지난 2015년 메르스 사태 때 지방정부와 중앙정부가 얼마나 갈등을 했는지는 똑똑히 기억하고 있고, 의료인들이 집단 감염되는 사태가 발생하고 병원을 제대로 밝히지 않으면서 메르스 괴담이 있었던 것을 기억할 것입니다. 그때 우리가 추적하는 것에 대해서 사회적 공감대가 생겼고 이번에 개인정보 논란이 상대적으로 적었던 이유도 거기에 있다고 보입니다. 또 우리나라가 미세먼지에 가장 취약한 나라이기도 하고 환경오염이 매우 심각한 나라이기도 해서 우리 스스로 마스크를 쓰는 것이 매우 일상화되어 있었고 이로 인해 마스크 제조업 기반이 이미 형성되어 있었기에 사회적 논란을 일찍 잠재우는데 도움이 됐습니다.

과거 중세 페스트나 1918년도 스페인독감 이후로 세계문명이 전환되는 경험들을 했습니다. 코로나 역시 마찬가지일 것이라고 생각되는데 제일 큰 것은 아마도 세계화의 위기일 것이라 봅니다. GDP 순위가 높은 이른바 선진국들이 추풍낙엽처럼 떨어지는 것을 우리가 봤습니다. 지금까지 세계 위기 중 가장 큰 위기는 지난 2008년 미국발 경제위기였는데, 당시에는 세계적으로 기구들과 연대들이 생겨났었지요. 하지만 코로나는 세계적 믿음, 연대감이 아직 보이지 않습니다. 그래서 이 세계가 어떻게 진행될까, 하는 위기감이 생기는 것이라고 보고 그 속에서 대한민국도 자유롭지 않다고 생각합니다. 지금까지는 우리나라가 잘 선방했지만 세계적 위기 속에서 우리 또한 새롭게 준비해야 한다고 생각이 들고, 그런 측면에서 코로나가 우리 사회에서 던지는 화두가 매우 크다고 생각합니다.

이기호 : 유럽의 민낯, 그리고 현재의 거대한 전환에 대해 말씀해주셨습니다. 지금 코로나 확진자 수 1~5위 모두가 압도적으로 G20국가인 것으로 나타나고 있습니다. 성장의 정도가 코로나 확진자 수와 비례하는 결과를 보면 우리가 여러 가지를 성찰해야겠구나 싶습니다. 코로나가 간단한 전염병이 아니라 우리 전체를 되돌아보는 거대한 변화를 만들어내는 포인트가 될 겁니다.

전성환 : 유창복 소장이 말씀하셨던 '비대면이 아니라 익명성의 문제다'라는 부분은 매우 중요한 화두라고 생각합니다. 최근 미국의 실업수당 신청자 수가 3천 3백만 명 정도 되는데 이들을 대상으로 지난 2~3월에 290만 명 정도 샘플링 조사

를 했는데, 그중 230만 명이 비대면으로 살 수 없는 직업군을 가지고 있다고 합니다. 비대면은 불평등하다는 것이 팩트로 드러나고 있는 것입니다. 우리 사회를 재구성할 때 이 부분에 대해서 정부가 디지털, 비대면을 너무 강조하는 것이 새로운 사회를 준비하는 것이 크게 도움이 안 될 가능성이 크다. 결국에는 비대면에서 살아갈 수 없는 사람들의 삶을 어떻게 준비하는가? 이것이 저는 새로운 화두로 올라야 한다고 봅니다.

제종길 : 자연과학자로서 보면 압축도시가 더 낫다고 하는 분들이 있고 어떤 분들은 자연 속에 사는 것이 더 행복하다고 보는데, 이런 문제를 함께 아울러서 생존이 불가능한 분들은 국가가 끌어서 복지라든가 다른 지원을 통해서 극복하되 미래에 대해서는 우리가 자연환경을 어떻게 지키면서 우리 경제를 유지할 수 있는가, 경제가 성장 위주의 경제가 아니라 불균형을 해소하는 수준에서 경제를 유지할 수 있는가 하는 차원에서 한국 사회를 멀리 내다보고 신중하게 해결방안을 찾아 나가야 한다고 봅니다.

국가의 강화가 예상되는 상황에서 지방정부는 어떻게 될 것인가?

이기호 : 두 번째 주제로 국가의 강화, 지방정부의 모습은 어떻게 될 것인가? 코로나 이후 두 가지 현상이 뚜렷하게 진행되고 있는 것 같습니다. 한편으로는 국가가 통제와 감시를 더 해야되고 국가의 책임이 더 요구되면서 굉장히 중앙통제적, 중앙집권적으로, 미국 트럼프대통령이 말하는 '아메리칸 퍼스트'와 같이 국가 중심적으로 질서를 재편해가려 하는 움직임이 있는 반면, 또 한 편으로는 전달체계에서 책임을 질 수 있는 것은 지방정부이기 때문에 지방정부의 역할이 굉장히 중요하다는 부분이 있는 것 같습니다. 그래서 국가의 강화와 지방정부의 모습, 과연 앞으로 어떤 모습이 될까요?

제종길 : 이번 코로나 사태를 겪으면서 국민들은 대한민국의 국민이란 사실에 자부심을 느끼고 대한민국이 다른 나라보다 앞선 모습들에 박수를 보내고 있습니다. 반면 국가가 강한 통제력을 가지고 대처하는 것이 반드시 좋은 일인가에 대해 우려 또한 있습니다. 강한 리더십을 강조하면서 통제권이 강화된 국가가 굉장히 안 좋은 모습으로 나타나는 것을 역사적으로 많이 봤습니다. 코로나 사태에서 대한민국 정부가 의

료진과 힘을 합쳐 잘 대처한 것은 맞지만 이와 더불어 순발력 있게 대처하고, 현장에서 어려운 일을 감당한 것은 지방정부입니다. 각각의 지방정부가 상황에 맞게 잘 대처한 것이 결과적으로 대한민국의 성공으로 나타나고 있습니다. 물론 의료진의 희생과 국민들의 협조가 없었다면 가능하지 않았을 일입니다. 국가의 강한 통제력과 행정 능력, 그리고 지방정부가 현장에서 일어나는 문제를 풀고자 하는 노력 등이 합쳐지지 않으면 사실 코로나 극복이 어려울 것이라고 보는 시각도 분명히 존재합니다. 그래서 이 시점에서 국가의 강화가 더 중요한가, 자율적인 지방정부의 능력 강화가 더 중요한가 하는 문제에 대해 좀 더 토론이 필요하다고 봅니다. 문제는 국민들이 여러 경로를 통해 얻는 정보도 많고, 정치에 대한 관심도 높고 또 우리 사회가 점점 소통의 수단들이 늘어나면서 이제 지역경제마저도 지방정부의 장에게 책임을 물을 정도로 모든 문제의 책임을 지방정부의 장에게 묻기 시작했다는 것이 가장 큰 변화입니다. 사실 과거에는 경제나 정치 문제는 대통령이나 국회의원들에게 물었는데, 지금은 지방정부의 장에게도 우리 지역의 경제, 안전, 복지 등 여러 문제들의 해결을 요구하기 때문에 이번에 긴급재난지원금을 지원하는 과정에서 각 지방정부가 다르게 대처하려고 했던 것이 때로는 논란을 가져온 것입니다.

　문제는 앞으로 일어날 재난, 끊임없이 반복될 사태에 대한 대응의 방법을 지방정부의 장에게 더 많이 요구하는, 지방정부의 장 무한책임 시대가 도래할 것이라는 점입니다. 이는 점점 지방정부의 책임, 지방정부가 해야 될 일이 많아졌음을 의미하고 지방정부의 권한과 역할을 잘 나누는 것이 앞으로 코로나를 극복하고 우리나라를 보다 긍정적인 방향으로 이끌어나가는 길일 것입니다.

이기호 : 국가와 지방정부 모두 급속히 변화하는 시점에 있지 않나 하는 생각이 듭니다. 국민소득 3만 불을 달성하거나, BTS가 인기를 얻고, 영화 〈기생충〉이 아카데미상을 받을 때도 우리나라가 선진국이라는 생각을 모두가 갖지는 않았던 것 같은데, 이번 코로나 대응을 보면서 사람들이 우리나라가 선진국에 다가서지 않았나 생각하면서 국가 역할에 대한 기대도 커졌다고 봅니다. 또한 코로나 사태가 벌어지면서 어느 때보다 지방정부가 역할을 두드러지게 했고 또 차별적인 정책을 통해서 서로 다른 지방에 살면 재난지원금도 다르게 받고 하면서 지방정부에 대한 기대와 역할이 눈에 띄게 드러났습니다. 다시 말하면 어느 때보다 국가와 지방정부의 역할을 피부로 실감할 수 있는 시대가 되었습니다.

유창복 : k-방역, k-스탠다드라는 말이 돌고, 외신기사

들을 보고 대한민국 사람들이 깜짝 놀라며 자부심을 갖게 되고, 국격이 높아졌다는 이야기들을 주변에서 많이 합니다. 이런 일련의 과정에서 제가 가장 중요하다고 본 것은 국가 방역당국의 대단히 일관되고 적극적이고 선제적인 방역정책이었습니다. 통상의 봉쇄 전략이 아닌 추적 전략을 썼다는 것은 유럽의 어느 국가나 중국의 경우와도 비교가 되는 결정하기 어려운 전략이었습니다. 그럼에도 이 전략을 밀어붙여서 성공했는데 이 전략이 성공할 수 있었던 세 가지 조건이 있다고 합니다. 그 첫 번째가 철저히 정보 기반이었다는 점, 국민들이 수용했다는 점, 그리고 수용을 넘어 적극적으로 참여를 했다는 점입니다. 그래서 국가와 시민 간에 신뢰 기반이 형성됐기 때문에 이것이 가능하지 않았을까 생각합니다. 국가와 시민이 신뢰 속에서 합동작전으로 k-방역을 만든 것이라는 측면에서 보면, 이 신뢰가 가능했던 것은 지방정부의 힘이었지 않나 싶습니다.

지방정부는 현장의 구체성이 있고 지역마다 각각 다른 구체성을 모두 파악하고 있다는 것이 가장 중요합니다. 또한 신속한 행동이 가능하다는 것입니다. 재난지원금을 놓고 기재부에서 3개월 간 토론하고 있을 때, 지방정부는 적은 액수지만 즉각 집행했습니다. 이런 상황을 누군가가 비유하기를, 전방에서는 우리 부대 다 죽게 생겼다고 무전을 치는데 사령부에서 전사자가 몇 명이냐고 묻는 것과 마찬가지라고 합니다. 중앙정부는 통계를 움직이지만, 지방정부는 행정력, 신속성, 체감성을 가지고 움직이는 강점을 갖고 있는 것이죠.

또 하나의 요인은 그동안 민선5, 6, 7기를 거치며 혁신적인 단체장들이 주민과 함께한 역사가 있었습니다. 주민을 초대하고, 이야기하고, 더디더라도 함께하자고 다독인 이른바 주민참여, 협치의 경험들이 코로나 현장에서 잘 드러난 것으로 보입니다.

다른 요인을 더 꼽자면 메르스 사태의 교훈입니다. 당시 서울시가 심하다 싶을 정도로 대단히 선제적으로 대응한 경험이 있었는데 그 경험이 이번에도 그대로 연결됐습니다. 따라서 이러한 성과가 어느날 갑자기 하늘에서 뚝 떨어진 것이 아니라 매뉴얼을 나름대로 장기간 만들어왔기 때문에 가능한 일이었다고 생각합니다. 이런 측면에서 지방정부의 역할이 앞으로 더 강조될 수밖에 없습니다. 물론 국가가 사라지지는 않겠지요. 역할을 나누자면 국가는 방향을 제시하고 분권적으로 재정 배분을 정확히 하고 지방정부는 지역사회에 맞게 주민들의 삶에 밀착된 방식으로 정책을 집행하는 것입니다. 이렇게 정확한 역할 분담 속에서 진행이 된다면 앞으로 코로나보다 더 한 것이 오더라도 극복할 수 있을 것이라고 생각합니다.

이기호 : 기획재정부가 3개월 간 논의할 동안 지방에서는

꿍장히 발 빠르게 움직였다고 했는데, 이는 지방자치 혹은 민선5, 6, 7기를 거치면서 정치적 실험을 할 수 있는 공간이 생겼기 때문일 것입니다. 사실 국가는 실험에 대한 위험 부담이 크지만 지방정부는 상대적으로 작기 때문에 다양한 실험을 해보았고 그에 대한 평가를 비교해 온 국민이 다 같이 알게 된 것이라고 생각합니다. 즉 코로나 사태로 인해 단순히 지방정부의 역할에 대한 기대만 높아진 것이 아니라, 시민들이 수용하고 적극적으로 참여하는 데까지 나아간 것이 특히 지방에서 일어난 것이라 봅니다.

　　전성환 : '국가의 강화'라는 경향은 유럽에서 많이 나타나는 것 같습니다. 국경을 봉쇄하니 민족국가 단위의 국가가 유럽에서 다시 나타나고, 그러면서 중앙정부의 단일함, 신속함, 효율성 이런 것이 어떻게 방역에 효율적인가 하는 게 꿍장히 강조됐습니다. 이처럼 국가의 강화로 흐르는 것은 일정 정도 이해는 하지만, 바람직하지 않은 방향입니다. 지난 이명박, 박근혜 정부 시절 천안함 사건부터 메르스까지 겪으면서 국민들 사이에 국가에 대한 신뢰가 위기에 처한 바 있습니다. 결과적으로 정부의 안정성과 신뢰성을 회복되는 것이 매우 중요합니다.

　　현재 '지방자치단체'가 법적 용어이고, 지방정부는 법적 용어가 아닙니다. 어쨌든 유럽 사회나 미국 사회를 포함해서 중앙정부와 지방정부는 어떻게 보면 체제 경쟁을 하고 있는 상황입니다. 우리나라도 이번에 지방정부 간의 체제 경쟁을 했다고 생각하고요, 그것이 경상남도에서 긴급재난소득 얘기를 하고 서울시장, 이재명지사가 동의하는 과정을 거치면서 선제적으로 대응을 했지만 실행에서 차이를 보이면서 지역 간 여러 가지 차이점이 생겨났던 것은 사실입니다. 그러나 그것이 어떻게 보면 일사불란하지 않은 것이 아니라 체제 경쟁의 또 다른 모습이고 그것이 또 중앙정부와의 체제 경쟁이라고 볼 수 있을 것입니다.

이런 측면에서 보면 국가라고 하는 것은 만들어진 것이 아니고 만들어내는 것이라고 하는, 유럽에서 몇 년 전부터 나왔던 관계국가 모델, '릴레이셔널 스테이트(relational state)'를 살펴볼 필요가 있습니다. 이 개념에 따르면 국가는 이미 만들어진 것이 아니라 만들어져 가고 있다는 것입니다. 국가라는 것을 어떤 전형적인 모습이 있는 것처럼 이해하는 것은 이제는 상당히 낡은 개념이고, 따라서 협치와 창조적 역량이 훨씬 중요하고 협치와 창조적 역량은 지방과 분권을 통해서 나타납니다. 이번에 대표적인 사례인 드라이브스루(drive-through) 진료 같은 것들도 지방에서 제안을 한 것이고 생활치료센터는 매뉴얼에 없던 것이었습니다. 경증환자들을 분리해내는 것이나 마스크 국가통제를 제안한 것도 지방정부였습니다. 어쨌든 중앙정부는 일정 정도의 경직성을 가질 수밖에 없기 때문에 그 속에서 어떻게 하면 지방의 창조성이 함께 결합되고 수용되는가 하는 국가 내 유연성, 협치 이런 것이 훨씬 더 중요해졌습니다.

김병권 : 저는 국가의 강화에 대해서 훨씬 긍정적인 사람인데, 사실 이번 코로나 사태를 놓고 봤을 때 비교를 해야 할 대상은 첫째는 글로벌기구 또는 국제적인 메커니즘과 국가의 상관관계인 것 같습니다. 코로나 상황에서 유엔도 그렇고 세계보건기구(WHO)도 그렇고 국제협력 또는 글로벌 기구는 실질적으로 아주 무력한 모습들을 보였습니다. 물론 미국이 취한 태도 등으로 인해 국가 강화 측면이 있지만 결과적으로 우리나라를 포함해서 국민들의 건강을 지키고 문제를 해결한 것은 국가이지, 글로벌 기구가 아니라는 사실이 명확히 입증이 됐죠. 그래서 아직까지는 국경을 넘어 글로벌 기구가 국민들을 지키기란 쉽지 않다는 것을 깨닫는 계기가 됐다고 봅니다.

두 번째 차원은 국가가 시장 또는 사기업들과의 관계에서 어떤 입장을 취하냐는 이슈입니다. 코로나와 같은 재난 상황, 비상시국에서는 사실 어떤 개인 기업이나 개개인의 이익에 앞서 사회적 이익이라고 하는 것, 우리 국민들의 건강 전체를 지켜야 한다는 것이 무엇보다 강조되는데, 이렇게 개별적인 것보다 사회적인 것이 강조될 때 시장경제 메커니즘은 굉장히 비효율적입니다. 이를테면 제가 마스크를 공급하는 업체 사장이면 저는 돈을 더 많이 벌기 위해서 개인적 이익을 위해서 국내에 안 팔고 국내 물량 빼돌려서 외국으로 수출하는 것이 저한테 더 돈이 많이 벌리는 일입니다. 그러나 그렇게 하면 우리 사회적 이익이 크게 훼손되겠죠.

이렇게 사회적 이익을 지켜야할 때 국가, 국가보다 '공공성'이라는 개념인데 공공성이 사회를 유지하는 데 꼭 필요하며 시장경제, 영리추구가 이런 상황에서는 잘 작동하지 않는다는 것을 배운 것이 아닌가 생각합니다. 그런 대목에서는 저는 국가의 역할이 중요하다고 보고 최근 정부에서 포스트 코로나를 이야기하면서 규제 완화 등을 꺼내며 다시 시장의 역할 복원을 너무 쉽게 거론하는 것이 우려됩니다.

다만 그렇다고 해서 국가가 커지는 것이 맞는가에 대해서는 시장이나 글로벌 기구가 국가를 견제하는 게 아니라 국가의 전 행위나 국가의 전체주의적인 경향을 통제하는 것은 지방정부나 시민사회 같은 다른 민주적인 기구를 통하는 것이 답인 것이지 다시 시장화, 글로벌화로 가는 것은 아닙니다. 특히 시민사회에서 해야 될 것 중 가장 중요한 것은 우리가 추적 시스템으로 방역을 잘했다고 보는 견해가 다수인데 개인정보 문제 같은 것이 선을 넘을 때 시민사회가 해야 될 역할들이 분명히 있습니다. 이 경계선을 시민사회가 컨트롤하지 못하면 우리가 얻은 이익에서 여러 가지 염려들이 현실화될 가능성이 있습니다.

또 하나는 지방정부인데요, 새삼스럽게 저는 이번에 놀랐어요. 우리나라가 단체장 직접선거를 한 지가 벌써 꽤 됐는데 그 효과가 이제 국민들한테 보이는 것 아닌가 합니다. 10년 전만 하더라도 제가 속한 지자체의 단체장님 특히 기초 단체장은 이름도 모르는 경우가 많았습니다. 존재를 알기가 쉽지 않았고, 임명제 기간이 있기도 했지만 한 20여 년 지나면서 단체장들이 이런 중요한 분기점에서 뭘 해야 되는가에 대한 경험이 쌓인 거 아닌가 싶습니다. 또 지방정부들이 앞장서서 순발력 있게 진행하는 것이 중요하다고 했는데, 지금까지의 관행, 표준들이 다 깨져 나오고 있지 않습니까? 대한민국 역사에서 국민들이 아무것도 안 했는데 국가가 현금을 지급한 사례가 없었는데 이렇게 새로운 관행들이 만들어질 때는 국가인 거 같아요. 시민들이 어떤 어려움을 겪고 있는지 굉장히 빨리 판단해서 행동해야 될 때는 국가가 불가피한데 지금이 그럴 때인 것 같습니다. 저희가 과거에 알고 있던, 행정 관료들이 알고 있던 표준들이 작동되지 않고 새로운 표준을 만들어야 하는데 중앙정부에서 만들려면 1년, 2년 걸려야 하는 상황에서 지방정부들이 주민들이 처한 상황에 빠르게 민감하게 반응해서 기존 공식에 얽매이지 않고 대처를 하면 그것이 표준이 돼서 중앙정부가 받는 이런 시스템들이 이번에 잘 작동되지 않았나 싶습니다. 국가의 위험성은 그런 방식으로 컨트롤 가능하다는 실증을 보여준 사례라고 봅니다.

이기호 : 국가와 지방정부뿐만 아니라 우리 사회를 촘촘하게 규제하고 끌고 가는 시장, 특히 글로벌화한 시장이 공공성을 저해할 경우 국가가 어떤 역할을 해야 될 것인가. 그래서 국가의 강화라고 보기보다는 공공성이 더 중요해졌다는 맥락으로 봤고요. 그런 맥락에서 유엔이나 세계보건기구 같은 국제기구가 그런 역할을 못 하지 않았나, 국가가 그런 역할을 제대로 할 수 있었던 배경은 지방정부의 여러 가지 실험과 시행착오들이 진행되면서 많이 성장했고 시민사회가 국가를 어느 정도 통제할 만큼 우리 사회가 성숙되었기 때문에 국가역할이 그런 맥락에서 공공성을 강화하는 방향으로 더 커졌으면 좋겠다고 했습니다.

이번에는 제가 화두를 던져보겠습니다. 사실 국가 역할이 중요한 것은 브라질의 경우를 보면 금방 알 수 있죠. 국가가 방향 제시도 못 했을 뿐 아니라 인식도 제대로 하지 못해서 적절한 대응을 못 하고 피해가 늘어나는 상황입니다. 반면에 유럽에서는 이렇게 이야기합니다. 한국, 중국, 일본은 좋게 말하면 유교적 전통, 나쁘게 말하면 권위주의, 어떻게 보면 병영 체제가 발달되어 있는 사회기 때문에 사람들이 잘 따른 거 아닌가 하고요. 프랑스 변호사가 그런 발언도 했고 교포들 말을 들어보면 한국 사회에 대해 동경도 있지만 한편으로는 그런 저변이 있지 않냐고 보는 시각도 있는 거 같습니다. 그런 시각에 민감하게 반응하기보다는 어떻게 보면 이 기회에 국가의 DNA를 다시 한 번 점검해보고, 국가가 새로 형성되는 맥락으로 보자면 어떤 새로운 DNA를 개발해야 될까 라는 생각을 해볼 필요도 있겠습니다. 국가와 지방정부를 대립해서 볼 게 아니라 국가에 지방정부가 있고 지방정부가 있어야 국가가 있다는 맥락에서 섞어볼 수 있지 않을까요. 스페인의 경우도 두 가지 모습을 다 보여주고 있는데 독립하려고 하는 카탈루냐에서는 확진자 수를 부풀려 말해서 국가가 곤혹스러운 상황이기도 하고, 한편으로는 굉장히 우익적인 정당이 EU로부터 벗어나려고 하는, 브렉시트처럼 이른바 '스펙시트' 같은 것을 이야기하기도 했습니다. 따라서 국가에 대한 생각을 전 세계가 다시 고민해보는 시점이 되지 않았을까 합니다. 국가와 지방정부를 나눠 생각할 수도 있지만 이런 맥락에서 보면 같이 고려하는 방법도 필요하지 않나 하는 생각이 들어서 질문 드립니다.

김병권 : 기본적으로 유럽 등 서구에서 긍정적이든 부정적이든 동양이 유교적인 것 때문에 어떻다고 쉽게 단정하는 것은 받아들이기 어렵습니다. 오히려 처음에 동양과 서양의 차이로 나타나는 것으로 보이는 대목이 있었는데 3개월 정도 지난 최근에는 두드러지는 것이 하나 있습니다. 코로나 전염 확산과 사망자 수에서 눈에 띄게 드러나는 곳이 일단 미국인데, 전 세계 사망자 중 3분의 2 가까운 수가 미국에서 발생했습니다. 유럽에서는 처음 문제가 됐던 이탈리아, 스페인, 프랑스, 독일 모두 지금 몇백 명 수준으로 떨어졌습니다. 그런데 여전히 2천 명대로 높은 수준을 유지하고 있는 나라가 유일하게 영국입니다. 브렉시트로 곤욕을 치르고 상당히 오른쪽으로 경도된, 민주주의와 거리가 먼 분이 국가 책임을 맡고 있죠. 그리고 유럽 국가 중 최근 러시아가 1만 명대 이상 엄청나게 확산되고 있는데 마찬가지로 민주주의와 상당한 거리가 있습니다. 지금 유럽에서 아메리카 쪽으로 전염이 확산되고 있다고 하는데 남미에는 브라질 대통령의 등장이 민주주의와는 상반된 분이시잖아요. 그래서 현재 시점에서 보면 글로벌하게 확산세가 꽤 있는 나라들이 민주주의와 거리가 있는 리더가 이끌고 있는 나라인 것 같아요. 그러다 보니 심지어 미국 같은 경우를 보면 지방정부와 중앙정부, 주정부 사이에 누구는 봉쇄해라, 누구는 안 된다, 이런 마찰들이 일어나고 있는데 저는 오히려

국가의 안전보다 민주주의가 작동되고 있는가가 생각보다 중요할 수 있다고 봅니다.

전성환 : 스웨덴 초창기 집단면역을 말했던 질병재난센터장이 최근 곤욕을 치르고 있는데 그런 나라들은 전문가에 대한 신뢰가 굉장히 높아서 그분이 말한 모델을 잘 지켰지만 현실에는 들어맞지 않았던 거죠. 기존에 없던 경험이었기 때문에 그렇습니다.

또 스위스는 나라에 비해서 확진자가 많았는데, 대부분 알프스 주변에서 겨울 스키시즌을 보낸 사람들이 유럽 전역으로 분산되어서 확산이 됐습니다. 스위스도 분권국가였기 때문에 처음엔 중앙통제가 안 됐어요. 아마 이것은 체제 문제라고 명확하게 이야기하기 어려운 부분이 분명 있는 것 같고요.

한국은 '중앙공무원:지방공무원'의 비율이 7:3 정도인데 이렇게 유지하고 있는 나라가 OECD국가 중 몇 나라가 안 됩니다. 보통 5:5나 3:7 정도로 지방공무원들이 훨씬 많아요. 즉, 우리나라만큼 국가 위기상황에서 명확한 전달 체계와 관리 체계가 잘되어 있는 나라가 많지 않습니다. 이런 부분에서 우리가 일정 정도 이 체계에서 효율적으로 들어맞았다는 것이지 그것이 체제의 우수성으로 해석되기에는 조금 비약이 있습니다.

유창복 : 불확실성 시대라는 것은 어떤 문제 현상의 원인을 알 수 없다는 것이고, 원인을 알 수 없으니 결정적으로 처방을 결정하기 어려운 암담한 상황을 말합니다. 자연현상뿐 아니라 사회현상도 상호작용하면서 일어나는 재난 상황이란 말이죠. 그랬을 때 그 문제를 해결할 수 있는 사람과 문제 해결의 혜택을 받는 사람은 서로 구별되지 않는다, 모두가 해결의 주체로 융합적으로 협력하지 않으면 안 된다는 것이죠. 자연과학과 사회과학, 인문학 등 여러 영역의 전문적 아이디어와 성찰들이 협업하지 않으면 답을 찾을 수 없는 것이고 그래서 의제 간, 영역 간 협력과 시민과 국가의 협력 등 대단히 복잡한 수준의 협력이 이루어지지 않으면 해결이 안 된다는 것이 불확실성 시대의 특징입니다. 협력의 핵심은 신뢰입니다. 그 신뢰가 가장 안정적이고 지속적으로 안전하게 작동하는 시스템이 민주주의고요. 저는 지방정부가 대단히 중요한 가교 역할, 중요한 메신저로서 민주주의를 확산시키는 엔진 같은 역할을 하고 있는 거 아닌가, 그런 부분에서 지방정부의 미래를 봐야할 겁니다.

제종길 : 이번 주제에서 하나 강조하고 싶은 것은 이 상황을 잘 극복했든, 어려움을 겪은 국가든 그것이 국가 권력의 과잉이라는 유혹에 빠지면 안 된다는 겁니다.

지방정부의 새로운 역할은 무엇이고, 무엇을 해야 하는가

이기호 : 자연스럽게 세 번째 주제의 문을 열어주셨습니다. 지방정부의 새로운 역할은 무엇인가. 앞서 국가 역할에 관해 말씀하셨고, 국가 권력에 우리가 과하게 기대선 안 된다는 말씀도 하셨고 많은 분들께서 지방정부의 새로운 모습에 대해서 말씀해주셨습니다.

유창복 : 코로나19를 감염병 재난이라고 합니다. 호주의 산불, 일본의 쓰나미, 지진 등의 자연재난도 너무 자주 찾아옵니다. 주기가 짧아진다는 것이 매우 초조한 상황입니다. 또 앞으로는 코로나보다 더 센, 기후위기로 인한 생태 재난의 시대가 온답니다. 이처럼 재난이 일상적인 삶의 일부가 될 수밖에 없는 상황에서 지역사회에서 지방정부가 주민과 협력해서 해법을 만들어가야 하는 시대가 됐습니다. 그래서 세 가지 정도로 카테고리를 나눠보면 첫째는 로컬택트(localact)입니다. 비대면에는 한계가 있습니다. 하지만 거리 유지는 해야 하기 때문에 옥외 활동이 중요할 수밖에 없다는 거고요. 즉, 근린공원이 중요한 생활 인프라가 될 것입니다. 재난 시대에 동네 공원이 있는 것이 숨통이고, 또한 서로 믿을 수 있는 친밀한 사람

들끼리 만날 수 있는 동네 쉼터, 교류 공간, 다양한 커뮤니티 공간이 매우 중요합니다. 다음으로 공공의료 체계입니다. 공공의료 체계도 이제는 국가시스템만으로는 어렵기 때문에 로컬로 다 분산해야 합니다. 동네 단위에서 작동할 수 있도록 분산된 공공의료 체계와 의료인, 의료용 비상 헬기 등의 인프라가 광역이 아닌 시군구 단위로 있어야 합니다. 이제는 방역이 의료만의 전문 영역이 아닙니다. 의료와 일상이 너무나 밀접하기 때문에 방역과 돌봄이 선순환하는 동네 단위의 방역 돌봄 시스템이 갖춰져야 한다고 봅니다. 이것은 커뮤니티 단위로 작동하는데, 이미 지방자치단체장들이 많이 해온 일들입니다. 이런 것들이 앞으로 더 중요한 지방정부의 과제가 아닐까요.

두 번째는 기후위기 대응입니다. 탄소를 만들지 않아야 합니다. 계획만이 아니라 행동을 해야 하는 시기입니다. 로컬 단위에서 자급하는 에너지 생산·소비 시스템이 분산형으로 완전히 재구성되는 것이 필요합니다. 이것은 동네에서 몇 사람 태양광 설치한다고 해결될 일이 아니고 국가가 산업 차원에서 작동시키지 않으면 안 됩니다. 그리고 30년 이상 된 노후주택이 전국에 많은데 이것을 그린 리모델링을 통해 에너지 절약뿐 아니라 에너지 약자들도 보호하는 조치가 필요합니다. 게다가 그린 리모델링은 대기업이 수행할 수 없는 영역입니다. 동네 설비업자들이 협동조합 형태로 진입할 수 있습니다. 로컬 단위의 일거리가 만들어지는 분야입니다. 저는 이것이 그린뉴딜의 가장 핵심적인 정책이라고 봅니다. 그 다음에 쓰레기가 자원이 되는 순환경제, 자원 재순환의 새로운 모델을 동네 단위로 만들어야 합니다, 또 서울시에서 자랑하는 대표적인 정책이 '따릉이'인데 이를 전기 자전거로 전환한다거나 따릉이 거치대를 좀 더 골목 단위로 확대한다거나 마을버스를 전기차로 대체한다거나 대중교통을 무료화한다거나 하는 로컬 모빌리티 관련 정책도 필요합니다. 지금까지 말씀드린 것들은 이미 지방정부에서 실험을 다 하고 있는 것들입니다. 이를 지역사회가 수행할 수 있도록 국가가 재정적, 행정적으로 밀어주는 것이 이루어진다면 지방정부가 할 역할이 많다고 봅니다.

끝으로 이 모든 것이 일자리를 만드는 과정이어야 한다는 것입니다. 솔루션을 전문적으로 담당하는 사람이 있는 것이 아니라 동네 주민이 서비스를 담당해야 한다는 것, 그래서 동네에서 필요한 서비스를 주민이 직접 생산·전달·이용하는 생산자이자 소비자인 공동 생산자 개념으로 주민이 승격될 때 그곳에서 일거리와 일자리가 생기는 것입니다. 이제는 산업단지에서 일자리가 안 생기고, 공사현장에서도 잘 안 생깁니다. 동네에서 동네 챙기고, 사람 챙기는 것에서 일자리가 생기기 때문에 저는 동네에서 일자리를 만드는 일이 그린뉴딜의 가장 핵심이라고 보고, 모든 일이 로컬에서 벌어지기 때문에 '로컬뉴딜'이라고 말해도 되지 않을까 생각합니다. 그린뉴딜이 거시적인 국가정책이라면 지방정부는 생활권(生活圈) 단위에서, 생활도 살피고 일자리를 만드는 로컬뉴딜을 해야 합니다.

이기호 : 이제는 재난과 위기가 일상적으로 다가올 것이기 때문에 방역과 돌봄의 일상화, 그리고 생태 전환이라고 하는 거대한 변화에 우리가 어떻게 대응할 것인가에 대해서 구체적으로 로컬택트, 로컬뉴딜 등을 포함하는 말씀을 해주셨습니다. 1960년대에 정부 관계자들이 영국을 방문했는데, 인구가 몰리는 런던에 공원이 많은 것을 보고 왜 이곳은 개발하지 않느냐는 질문을 했다고 합니다. 그랬더니 그들이 '당신은 허파를 도려내느냐'라고 대답을 했다고 해요. 앞서 말씀하신 근린공원 같은 것들이 얼마나 중요한지를 시사하는 사례라고 생각이 듭니다.

전성환 : 균형 발전이라는 정책 기조가 무색하게, 갈수록 수도권 지역은 과밀되고 있습니다. 수도권 인구가 전체 인구의 50%를 넘어섰고, 일부 산업클러스터를 제외하고는 대다수의 지방이 소멸 위기를 겪는 것이 사실입니다. 국가 전체적으로는 출산율의 저하로 인한 경제 인구의 위기도 존재합니다. 또 대학의 위기, 특히 지방대학의 위기가 심각합니다. 지역 내 대학

이 문을 닫으면 인재 유출은 물론이고 주변 지역사회의 공동화 문제가 매우 크게 발생할 가능성이 있습니다.

이번 긴급재난 생활비 논쟁 과정에서 중앙정부의 기획재정부라고 하는 관료집단의 힘이 얼마나 큰지를 다시 한 번 확인하게 됐습니다. 11조 가량의 예산을 투입했고 수많은 중소기업, 소상공인 금융지원이 있긴 했지만 그럼에도 불구하고 이 시기가 지나가고 나면 재정위기는 우리에게 다가오고 있는 상황입니다. 코로나 이후, 걱정되는 부분은 예산이나 세수가 줄기 때문에 지방에서 중앙을 대상으로 한 요청이 거부될 가능성에 대해 매우 우려하고 있습니다. 그래서 그린뉴딜을 포함해서 새로운 공공투자가 이루어져야 합니다. 그럼으로써 노무현 전 대통령이 못 다한 균형발전의 꿈을 새롭게 이어주기를 바라고 있습니다. 즉 혁신도시의 일정 정도의 완성, 생활 SOC를 중앙과 지방이 협력하여 함께 운영하거나 SOC를 더욱 강화하는 방식의 것들이 지역사회에 필요합니다.

알다시피 미국의 뉴딜 사례를 보면 테네시 강, 후버 댐 등의 개발사업도 있지만 사실 지방자치단체 차원의 공공일자리가 굉장히 많이 있었습니다. 문화 영역의 일자리, 지역 언론의 일자리, 환경지킴이 일자리, 문화재 관리 일자리 등을 포함해서 미국 지적재산권 관련 힘이 되었던 영역들은 대부분 그 당시 루즈벨트 대통령 시절 이루어졌던 것입니다. 우리 역시 이런 것들이 지역사회에 안착된다면 지역의 새로운 기회가 되지 않을까요.

이기호 : 혁신도시의 재발견, 그렇게 해서 지역에서 새로운 공공성을 만들어가는 사업들, 어떻게 보면 그린뉴딜을 로컬뉴딜로 심화해 나가자는 말씀입니다.

제종길 : 사실 도시의 무한경쟁 시대가 왔습니다. 코로나를 언급하지 않더라도 정보의 유통이 빠르고 소통 범위가 우리의 상상을 초월하는 지금 가만히 앉아서도 세계적인 기업을 운영할 수 있을 정도입니다. 이러한 사회에서는 국가체제를 경량화하고 소통하며, 어떻게 협치를 해나가야 하는지 고민해야 합니다. 이럴 때 우리의 지방정부의 경쟁력이 국가 경쟁력의 핵심입니다. 중앙정부는 지방정부에 대해서 재정을 아무리 많이 줘도 효율적으로 바르게 쓸 줄 모른다는 시각이 기본적으로 깔려 있습니다. 그렇기 때문에 재정 분권도 이야기만 할 뿐 실제 이뤄지지 않고 있습니다. 시군 단위는 60% 이상을 중앙정부의 재정에 의존하고 있습니다. 그런 상황에서 자율권이라는 것이 제대로 작동하기 어렵습니다. 지방의 자율성과 재정 분권을 보장해야 하고 보편적 복지정책 같은 것은 중앙이 가져가야 합니다. 모든 국민에게 주는 보편적 복지를 재정도

어려운 지방정부에 계속 분담하도록 하면 지방정부 재정은 점점 더 어려워집니다.

이와 같은 상황이 지속될 경우 지방 소멸의 위기가 우리가 생각하는 것보다 훨씬 더 빨리 오고 수도권으로의 인구 집중, 경제 집중이 더 가속화될 겁니다. 지방정부가 거의 무기력해지거나 소멸된다면 중앙정부 역시 위기에 처하게 됩니다. 중앙정부가 앞으로 체제를 잘 유지하려면 지방을 살려야 합니다.

앞으로 중앙정부의 역할은 국가정책의 조정과 방향 제시, 그리고 지방정부가 자율적으로 성공할 수 있도록 어려울 때 지원하고 컨설팅하는 쪽으로 가야 합니다. 그린뉴딜을 말씀하셨는데 덧붙이자면 전기 생산을 지금 한 곳에서 다 하고 있지 않습니까? 영광에서 발전한 것을 왜 수도권까지 옮깁니까? 수도권에서 발전하면 비용도 줄이고 각자가 기업을 만들어서 일자리를 창출할 텐데요. 또 플라스틱 오염이 이렇게 심각한데 플라스틱을 처리할 수 있는 연구나 지원에는 별로 투자가 없습니다. 아마 20~30년 후면 또 다른 심각한 문제가 생길 텐데 플라스틱을 분해하고 회수하고 수송하고 재활용하는 등의 과정에서 일자리가 어마어마하게 생깁니다. 이와 같은 방식의 그린뉴딜로 가야하고, 그것이 생산체제를 바꾸고 기존의 제조업도 석탄이나 화석연료 기반으로 하는 경제체계를 바꾸지 않으면 우리가 이렇게 좋은 일을 해놓고도 무력할 수 있습니다. 앞으로 지방정부의 역할이 계속 커지는 시대입니다.

이기호 : 지방분권 특히 재정의 자립도, 재정의 자율성 두 가지가 보장되어서 국가와 책임을 공유하고 나눌 수 있는 시스템을 어떻게 구축하느냐가 대단히 중요합니다. 또 지방으로 가는 것이 생태문명으로의 전환에도 기여하고요. 단순히 재정 자립도뿐만 아니라 어떤 재정 자립을 하는 것이 중요한가에 대해서 녹색의 가치를 말씀해주신 것 같습니다.

김병권 : 한국 사회가 오랫동안 집중, 규모화가 가진 미덕에 빠져있을 수도 있어요. 예를 들어 소비자들이 물건을 살 때도 동네 슈퍼마켓에서 사다가, 동네 프랜차이즈 편의점에 갔다가, 이제는 동네에 있는 대형할인점을 경향적으로 선호하게 되고 규모가 큰 곳이 물건의 품질이 더 나을 것이라는 선입견과 편견에 기초해서 그런 쪽으로 몰려다니는 경향이 있습니다. 아까 말씀하셨지만 인구의 절반이 수도권에 사는 것도 마찬가지로 규모화와 집중이 좋은 것, 선한 것이라는 편견이 있는 것 같습니다.

그런데 이번에 코로나가 준 역설적인 경험은 꼭 그렇지 않을 수 있다는 것을 많이 깨우치게 해줬습니다. 저도 파주시가 주거지입니다만 재난지원금을 지역화폐로 받았는데 지역에서 소비를 한 덕분에 오랜만에 10억 미만 매출의 작은 음식점들, 가게들을 이용해보게 되었습니다. 저뿐만 아니라 많은 분들이 동네 정육점을 이용했더니 친절하게 대해주시고 필요한 것 챙겨주시고 하는 것들을 보면서 대형마트만이 좋은 것은 아니라는 경험을 했다고 봅니다.

그리고 이번 코로나 상황에서 가장 큰 신장률을 보인 업종이 무엇인지 아십니까? 의외로 자전거 매출이 지난해 비해서 69% 증가했다고 하거든요. 대중교통 타기는 불안하고 멀리가고 싶지 않으니 자전거를 이용하는 사람들이 늘었던 모양입니다. 근거리 생활을 하려는 경향성을 보이고 있는데, 해봤더니 나쁘지 않더라는 것이죠. 과거에는 규모가 큰 곳일수록, 전국적인 망이 있을수록 좋다고 여겼는데 이번에 동네 가게에도 있을 것 다 있고 주인아저씨도 잘아는 분이고 이야기도 할 수 있고 그런 경험들을 하게 되면서 우리 국민들이 여러 가지 새로운 체험을 하고 있는 것 같습니다.

유창복 소장님께서 로컬택트 말씀하셨지만 그런 측면에서 보면 포스트 코로나의 바람직한 모습은 비대면 일상에 적응하는 것이 아니고 분산된 생활, 분산된 네트워크 속에서 새로운 삶의 방식을 만드는 방향으로 가는 게 아닐까 싶습니다. 그린뉴딜 말씀하시지만 생태적인 삶도 재생에너지, 순환경제를 포함해서 관련된 비즈니스 정책들은 꽤 분산적이라는데 장점이 있지 않습니까? 이렇게 소비가 지역적, 분산적으로 일어나고 경제적으로도 큰 규모의 공장 하나 짓는 것보다 전국에 분산된 형태의 작은 비즈니스를 하는 것이 더 유리하게 작동할 것이고 이러한 형태가 확산된다면 지방정부나 지방자치의 역할이 더 중요할 수 있겠다는 생각이 듭니다. 이것이 코로나 이후의 사회를 강력하게 떠받치는 미래가 될 수도 있지 않을까 싶습니다. 그렇다면 이를 방치할 것이 아니라 국회나 중앙정부는 이것을 더 잘할 수 있도록 제도적 기반을 만들어주고 재정 분배 역시 획기적인 생각을 가져야 하는 시대가 된 것이고요. 비대면 방식은 중앙이 지방의 작은 것들을 원격으로 제어하면서 오히려 중앙 집중화를 강화시킬 수 있는 역작용이 분명히 있습니다. 예를 들어 비대면 교육을 하면 서울의 큰 사교육기업들이 전국적인 망을 통해서 컨트롤하는 것이 용이할 수 있다는 우려들이 있지 않습니까? 의료 역시 마찬가지입니다. 따라서 분산적인 시스템, 지역 순환적인 시스템에 대한 고려를 지방분권과 연결해나가는 것이 중요하지 않을까 싶습니다.

이기호 : 저도 그렇습니다. 지역에서 안 해본 것, 안 가본 곳을 살펴보게 되면서 동네를 재발견하게 되고 재난지원금을 사용하면서 저 곳은 매출이 얼마일까 하는 생각들도 하게 됐습니다. 현재 다양하고 구체적인 이야기들이 나오고 우리가 어

떤 것을 존중해야하는지 가치에 대한 이야기가 나와서 논의가
풍성해진 것 같습니다.

　　전성환 : 우리가 기억할지 모르겠지만 1997년 외환위기
때 주로 금융권을 살리기 위해 투입된 공적자금 규모가 168
조 원 정도입니다. 이 중 100조 원 가량을 갚았고 68조 원 가
량은 부실채권으로 날아갔습니다. 국민의 세금으로 그냥 밀어
넣은 것이죠. 이번에 11조를 썼는데 1997년에는 GDP규모가
500조 원이 안 됐고 지금은 2,000조 원 정도 됩니다. 어마어마
한 국가 수준이 됐어요. 이 논쟁이 새로 시작됐는데 예를 들
면 지방정부는 지방채를 발행할 수 있습니다. 하지만 중앙정
부가 부채 규모를 통제하기 때문에 자유롭지 못 합니다. 중앙
정부가 발행하는 국채는 그러한 규제가 없고요. 지방채를 발
행하더라도 경기 활성화, 산업 유치 등의 목적으로만 가능하
고 경상비로는 쓸 수 없게 되어 있습니다. 그러다 보니 지방에
서 인력을 양성하거나, 인력을 영입하거나, 프리랜서를 지원하
거나 하는 목적으로는 전혀 못 씁니다. 기존 개발사업 외에는
쓸 수가 없죠. 논쟁이 좀 필요한 부분이고요. 그래서 지방에
서 할 수 있는 범위가 제한적입니다. 이러한 것들이 코로나 이
후 중앙정부와 지방정부간의 논쟁에 담론 형성이 굉장히 첨예
하게 대두될 겁니다.

제종길 : 전 국민에게 지급한 재난지원금의 경우 어떻게 분배하는가도 문제지만 사실은 분배하는 방법 같은 것들을 지방정부의 의견을 들었다면 더 빠르고 효율적인 방안들이 있었고 그런 방안들이 굉장히 많이 제안되었다는 것을 덧붙입니다.

자치분권운동은 어디로 가야하는가?

이기호 : 재정문제 관해서 말씀하셨는데 이번 재난지원금 지급 과정을 통해서 국가가 재정을 어떻게 쓰느냐에 대해 국민들이 굉장히 민감해진 것 같고 전 국민에게 10만원씩 나눠주면 재정이 5조원 가량 소요된다는 식의 감도 생긴 거 같아요. 국가 예산이 500조원, GDP가 2,000조원 이런 것들이 어떤 규모인지 인식하게 된 것도 하나의 큰 변화가 아닌가 생각이 듭니다.

또 하나 이런 생각도 해봤습니다. 국가와 지방정부 간의 관계뿐만 아니라 국가를 넘어서는 지방정부 간에, 국경을 넘는 지방정부 간의 연대 같은 것도 사실 굉장히 중요한데 우리나라는 당장 남북문제도 있어서 분권형 남북문제는 과연 어떤 식으로 다룰 것인가 하는 생각도 듭니다.

끝으로 자치분권운동은 어디로 가야하는가에 대해 이야기하겠습니다. 아까는 주어가 지방정부였는데 지금은 자치분권운동입니다. 운동은 지방도 할 수 있고 국가도 할 수 있는데 시민도 할 수 있고 시장도 할 수 있고 폭이 굉장히 넓을 것 같습니다만.

전성환 : 지방자치 제도가 도입된 지 거의 30년 정도 되어 갑니다. 단체장 직선제를 실시한 지는 25년이고요. 그렇다고 우리나라가 분권형 국가이냐 자문해보면 전혀 아니죠. 앞서 말씀드렸던 것처럼 법령으로 '지방정부'라는 표현은 없고 '지방자치단체'로 규정되어 있습니다. 문재인 정부가 연방제 수준의 분권 국가를 이루겠다는 공약을 제시했고 분권형 개헌을 추진하긴 했지만 이루어지지 못했습니다. 지방자치단체장과 함께하는 제2국무회의를 설치하는 것 역시 20대 국회에서 통과되지 못했고요. 또 25년 만에 처음으로 지방자치법 전부개정안이 제출되었지만 법안소위에서조차 제대로 다뤄지지 못하고 폐기됐습니다. 입법권, 조직권, 재정권 등 모두 후퇴한 것이 사실입니다. 이번 코로나 위기상황으로 인해 지방정부의 긴급행정명령권이 실행된 사례가 거의 처음인데, 이것이 가져온 효과가 굉장히 크지 않습니까? 벌금 300만원 정도 부과 가능한 것인데, 벌금의 규모가 문제가 아니라 서로 규제할 수 있는 권

한이 주어진 것이 사실은 굉장히 큰 실효를 거두는 것이죠. 이처럼 지방정부가 가진 권한을 제대로 실행했을 때 어떤 효과를 거두는가에 대해 경험하게 된 것이 중요했던 것 같습니다.

21대 국회에서 지방자치법 전면개정은 반드시 되어야 하고 사회안전망 문제 역시 중요하게 다뤄져야 합니다. 외환위기 당시 우리가 사회안전망이 얼마나 중요한가를 알게 됐습니다. 이후 카드 대란 등으로 인해 개인의 삶이 무너진 것에 대해서는 중앙정부가 아무런 대책이 없었습니다. 이번에도 우리가 코로나를 잘 막았다고 하지만 이후 무너진 개인의 일상을 어떻게 추적하고 사회안전망으로 뒷받침해줄 것인가에 대한 토론은 매우 취약한 것이 사실입니다. 그런 영역에서 전 국민 고용보험이나 실업부조의 문제 등이 매우 중요한 화두인 것 같고 지방정부도 함께 노력해야 할 것이라고 봅니다.

김병권 : 2008년도 금융위기 후 경제 회복은 생각보다 빨리 됐다고 하죠. 근데 가장 늦었던 것이 미국을 기준으로 보면 고용이 금융위기 이전으로 회복되는 시간이었다고 합니다. 그나마 빨리 됐다고 하는 데도 한 7년 정도 걸렸어요. 그런데 이번 위기에는 미국은 물론 우리나라도 고용문제가 생각보다 심각해질 것이라는 우려들이 많고, 발표되는 고용지표 등을 보면 그것이 괜한 걱정은 아니라는 것을 확인하고 있습니다. 이

미 항공·관광·숙박 등의 분야를 중심으로 해고가 이루어지고 있고 2차, 3차 감염병 사태가 이어지게 되면 과연 얼마나 버틸 수 있을 것인지 의문입니다. 사실 코로나 이전에도 우리 경제 상황이 좋은 편은 아니었습니다. 그래서 올해 확장 재정을 통해 경기부양을 하려고 했는데 그것이 무색할 정도로 경기가 나빠지고 있습니다. 전국민 고용보험제도 역시 그래서 검토되고 있는 것으로 알고 있죠.

지금까지는 방역을 어느 정도 선방했다고 보지만 여기에 안주할 만한 상황이 아닌 것이 경제 대책이 기다리고 있는데 이것을 얼마나 제대로 할 것인가, 특히 국가나 정부가 사회적 약자들의 안전망을 얼마나 떠받쳐줄 수 있는가의 문제인데 저는 이 대목에서도 중앙정부보다 실질적으로 지방정부들의 역할이 굉장히 클 것이라고 봅니다. 예를 들어 이럴 때 가장 취약한 것이 아이들, 돌봄이 필요한 노약자 아니겠습니까? 이것은 비대면으로 불가능합니다. 누군가가 대면해서 어르신들을 살펴드리고 아이들을 돌보고 등교 못 하고 집에 있는 아이들을 챙겨줘야 하는 것 아닙니까? 이런 부분들을 챙기는 데 있어서 문제를 가장 빨리 파악할 수 있는 것은 중앙정부가 아닙니다. 일자리 역시 그린뉴딜을 통해서 만들어야 되는데 지금 추세를 보면 그런 일자리들이 중앙정부가 계획한다고 해서 한꺼번에 수만 명, 수십만 명이 될 것 같지는 않습니다. 그런 일자리들은 대부분 지역별로 지자체들이 돈이 있어야 전국적으로 만들어질 것이라 생각하는데 지금은 중앙정부의 관료들이 절대적으로 중요한 상황이라는 것이죠. 앞으로 분산적인 상황이 도래하게 되면 지방정부 역할이 크다고 하지만 일부 전문가들이 아무리 이야기한다고 해서 실제로 지방정부의 역할이 커지는 건 아닙니다. 지방정부의 역할이 실제로 커지는 데 결정적인 역할을 하는 것은 지역에 사는 주민들, 주민과 호흡하는 지역 커뮤니티들, 그리고 지역 시민사회입니다. 이들이 자꾸 말을 해야 됩니다. 보이스(voice)가 커지고 절박해지고 다른 목소리와도 소통이 이뤄지고 그래야 결국 국회든 중앙정부든 이야기를 들어줄 수 있다고 봅니다. 그런 의미에서 보면 지금이야말로 지역에서 지역 커뮤니티와 시민사회가 지역의 중요성을 확인하고 알리는 작업들을 지방정부와 협력해서 계속 공론화하고 여론화하는 작업들이 어느 때 보다 필요합니다.

제종길 : 자치분권 운동이 초기에 학자들이나 정치권의 일부 지도자들에 의해서 선도되었고, 지방자치연구소 등 여러 네트워크가 형성되고 옮겨왔지만 일반 국민들의 자치분권에 대한 이해는 아직 굉장히 미약합니다. 그런데 자치분권이 또 한 번 부상한 것은 민선6기 지방정부, 특히 기초 지방정부의 장들이 그동안 경험을 통해 자치분권의 가치를 체감하면서

자치분권연대를 만드는 등의 역사를 가지고 있지요. 그럼에도 불구하고 그것은 지방정부를 운영하는 차원에서 여러 가지 열악한 환경과 재정의 어려움 때문에 자치분권의 필요성을 느꼈던 것이지, 국가적인 체제 하에서 자치분권이 와 닿은 것은 훨씬 이후의 일이었습니다. 지난 대선에서 문재인 대통령이 분권국가를 내세운 것이 지방자치단체장들의 호응을 받지 않았나 싶습니다. 서로 이해가 맞은 것이죠. 그 이후에 빠르게 개헌 등이 진행될 것으로 기대했지만 말만 앞섰지 실제로 진행되는 것이 거의 없고 그러다 보니 지방분권, 자치분권 운동도 사실 좀 약화된 면이 있습니다.

　　이 시점에서 생각해보면 지방정부의 장이나 정책 책임자들이 하는 운동은 한계가 있다, 그것이 시민 속으로 들어가서 유권자인 국민들이 자치분권의 필요성을 알고, 그것이 우리의 삶에 직접 영향을 주고 우리 삶을 개선시키는 일이라는 것을 알게 하는 노력을 더 적극적으로 해야 한다고 생각합니다.

　　개헌과 권력 구조 개편에 관해서 권력은 지방과 중앙이 나누는 것이지 중앙에서 나누는 것이 아니라는 논의도 있습니다. 권력이 중앙에 있는 한 분권에는 소홀할 수밖에 없습니다. 싸우지 않는 한 가져오기 힘들기 때문에 분권 개헌을 한다면 지방과 중앙이 권력을 나누는 내용이 되어야 한다는 것이죠. 실례를 들어보겠습니다. 20대 국회에서 지방자치법 전부개

정안을 법안소위에서도 제대로 다루어보지 않고 폐기되고 말았어요. 그 안에 주민자치, 마을자치라는 것이 있는데 이것이 무엇이냐면 각 읍면동 단위가 자치의 단위라는 것입니다. 동장 선출도 하고 예산도 운용하는 등의 내용입니다. 이것은 다른 측면에서 보면 시, 자치구 등 더 큰 단위의 행정, 기초 지방정부의 장을 감시하고 통제할 수 있는 수단이 되는 것이죠. 그런데 협치를 잘하면 더 강화된 힘을 가질 수 있다는 것입니다. 이러한 주민자치나 마을자치를 정부가, 특히 행정안전부가 주도해서 포함했습니다. 앞서 전성환 총장님이 말씀하셨지만 지방자치단체장, 또 그 대표들이 같이 국무회의에 들어와서 국정을 논의하고 지방의 상황들을 빠르고 솔직하게 전달할 수 있는 체계를 만들어야 한다고 보는데 물론 마을자치나 주민자치가 기초단위의 실험이라고 하면 중앙에서도 그런 체제를 갖추고 지방도 그런 체제를 갖춰야 한다는 것이죠. 우리가 자치분권 이야기할 때 스위스나 독일을 많이 언급하는데 그 쪽의 최하 행정 단위가 가지고 있는 힘, 연방정부가 가지고 있는 힘에 대해서 연구와 시사점을 볼 수 있습니다.

유창복 : 재난사회 속에서 방역뿐만 아니라 일상을 회복하고 지속가능하도록 하는 것, 날로 심해지는 경제적 불평등을 멈추고 회복하기 위한 일자리 창출 등의 과제는 사실 중앙

정부가 제 역할을 하고 지역사회가 적극적으로 참여하는 등 중앙과 지역이 잘 결합될 때 가능하고 효과적으로 이루어질 수 있습니다. 로컬에서 시민참여가 되려면 지방정부로의 분권이 필요조건입니다. 권한이 있어야 다양한 실험을 하든 혁신을 하든 잘못했으면 학습을 하든 모범을 보이면 따라하든 할 거 아닙니까? 새로운 혁신적인 행동을 하려면 지방정부가 실행할 수 있는 권한이 있어야 합니다. 또 결정한 것을 집행하기 위해서 핵심은 재정권이라고 생각하고, 다른 분들도 지적을 많이 해주셨는데 저는 충분조건이 하나 더 있다고 봅니다.

다시 한 번 분권하는 겁니다. 중앙정부에서 지방정부로 권한을 이양하는 것이 제1의 분권이라는 데 동의를 하고, 한 번 더 지방정부에서 주민으로 권한이 넘어가는 것이 제2의 분권이고, 이것이 충분조건이라는 생각이 들고, 우리는 이것을 '자치'라고 이야기합니다. 지난 10여 년간 시민들은 정부가 초대해서 공모사업도 해보고 원탁회의도 해보고 다 해봤습니다. 그 과정에서 느낀 것은 공무원은 서류에 '참여'라고 쓰고 주민들은 '동원'이라고 읽는다는 겁니다. 많은 성과에도 불구하고 아직은 갈증이 있습니다. 참여가 왜 동원이 되는가? 권한이 없는 참여는 동원이 된다는 것이 너무나 상식적입니다. 따라서 어떻게 주민에게 다시 한 번 권한이 넘어가는가 하는 것이 로컬과 시민참여, 재난 사회, 그린뉴딜의 실행을 위해 핵심적인 과제입니다. 저는 자치의 장소로 읍면동 주민자치회가 떠오르고 있고 올해만 해도 주민자치회 전환하는 읍면동이 600여 개 정도 됩니다. 전국 읍면동의 20% 정도가 주민자치회 실험을 시도하는 것은 예사로운 사건은 아닙니다. 어쨌든 흐름이 지금 읍면동 중심의 근린 단위에 주민들의 민주적인 의사결정권, 동네에서 문제를 풀 수 있는 실행의 권한, 그에 걸맞은 능력, 이것이 지역사회 사회연대경제이고 로컬 순환경제라고 생각합니다. 그 속에서 주민들이 참여하고 일거리도 되기 때문에 내발적 경제, 지역경제도 거기서 나온다고 봅니다. 주민자치회가 로컬에 주민주권의 정치체제로서 잘 자리 잡아갈 것인가가 결국 우리가 당면한 재난사회, 기후위기 시대의 유일한 돌파구가 아닐까 생각하고 여기에 초점을 맞추면 좋겠습니다.

02

그린뉴딜과 자치분권

지역 주도의 그린뉴딜이 성공하려면 지방분권과 동행
되어야 합니다. 또 지역이 갖고 있는 코로나 사태 때
보여줬던 창의성, 지방정부의 역량 이런 것들이 중앙
정부와 제도적으로 뒷받침이 잘 돼서 그린뉴딜 성과
를 만들어야합니다.

문석진(좌장, 서울시 서대문구청장) : 오늘 두 분의 단체장, 두 분의 학자를 모시고 현시대의 가장 중요한 주제인 포스트 코로나, 즉 코로나 이후의 지방정부의 역할이라든지 대응책 등의 주제를 가지고 심도 있는 토의를 해볼 계획입니다. 먼저 단체장들의 사례발표를 듣고, 다음에 두 분 학자 들의 발제를 들은 후에 토론하도록 하겠습니다. 시민행복 구리시를 이끌고 계시는 안승남 구리시장님 발표를 듣겠습니다.

안승남(구리시장) : 고구려의 기상, 태극기의 도시 구리 시민행복특별시 안승남 시장입니다. 구리시 면적이 33제곱킬로미터인데, 이 중 70% 가까이가 그린벨트입니다. 나머지 30% 면적에 사람들이 모여서 사는 것입니다. 여기에서 조선 왕릉이 위치한 면적을 빼고 나면 실제로 구리 시민들은 약 11제곱킬로미터 정도 되는 면적에 밀집되어 있습니다. 감염병 대처에는 매우 어려운 조건입니다. 이런 문제도 있습니다. 2020년도 예산이 이미 확정되어 있는 상황에서 예기치 못한 코로나19 사태로 기본소득에 대한 이야기들이 많이 나왔습니다. 시민들에게 재난기본소득을 지급하자니 재정여력이 없는 상황이었기 때문에 2020년도 예산을 제로베이스에서 다시 편성했습니다. 공무원 연수 예산 삭감, 집합 행사의 예산 삭감 등 거의 탈탈 털어서 돈을 모으고 예비비까지 합쳐 180억 원을 모았습니다. 구리시 인구 20만 명에 9만원씩 지급했습니다. 코로나라는 비상한 시국에서는 이미 편성이 끝난 지방정부의 예산도 다시 보지 않으면 안 되는 상황인 것 같습니다.

구리시도 과거 메르스의 경험이 있었습니다. 당시 제가 경기도의원이었는데 복합건물 내 위치한 병원에서 메르스 확진자가 나오는 바람에 해당 건물을 통째로 봉쇄했습니다. 문제는 건물 하나를 봉쇄했을 경우 감염병과 질병에 대한 법률과 조례에 의거해서 건물주와 병원은 보상을 받을 수 있는데, 해당 건물 내의 소상공인들, 임차인들은 보상을 받지 못했습니다. 이것을 가능하게 하는 조례를 경기도의회에서 만든 바 있습니다. 이번 코로나 상황에서도 아직 구리시에 확진자가 발생하지 않았을 때부터 미리 소상공인 등 경제활동 하시는 분들, 어린이집이나 유치원 등이 입을 피해를 어떻게 할지 선제적으로 고민했습니다.

구리시가 메르스 경험을 살려서 선제적으로 어떤 활동을 했는지 소개하겠습니다. 지방자치 시대라고 할 만한 것이 중앙정부에서 뭘 하라고 하기 전에 우리가 할 수 있는 게 많더라고요. 지난 1월 20일 국내 최초 확진자가 발생했는데 사실 구리시는 한참 뒤입니다. 2월 5일 최초 확진자가 나왔는데 바로 엊그제까지 구리시 확진자 수는 총 13명으로 집계가 되고 있습니다. 최초 확진자는 싱가포르에서 귀국한 분인데 가는 곳마다 마스크를 꼼꼼하게 잘 쓰고 다녀서 '착한 환자'로 보도되기도 했습니다. 그런데 이때 보니까 관내 확진자가 발생하면 역학조사 결과가 나올 때까지 동선공개, 소독 등 조치를 취할 수가 없게 되어 있었습니다. 하지만 시시각각 상황이 급박하게 돌아가기 때문에 신속한 대처가 필수입니다. 그래서 역학조사 결과 나오기 전에 제가 이를 알리는 동영상을 찍고 구리시 재난안전문자를 유튜브로 보냈습니다. 그리고 나서 다음날 아침 9시에 역학조사로 확인된 동선을 다시 공개했습니다.

제가 말씀드리고자 하는 것은 바이러스와의 전쟁에서는 과잉대응을 해도 된다는 것입니다. 대신 모든 정보는 신속, 정확하게 오픈되어야 한다, 역학조사에서 세부사항이 바뀌면 수정하면 되는 것이죠. 그런데 그 세부사항의 정확도 때문에 뜸들이고 안 하는 경우가 있습니다. 우리 구리시는 첫 번째 확진자부터 열세 번째 확진자가 나올 때까지 확산 가능성이 있는 환자라고 판명이 되면 모든 것들을 공개하고 즉각적으로 움직인 경험을 갖고 있습니다. 뿐만 아니라 캠핑카를 활용해서 격리자 임시 자가격리 시설도 운영했습니다.

제가 직접 세제 통을 들고 동영상을 찍어서 우리 시민 스스로가 소독방역을 직접해야 한다는 것을 전파했는데, 20만 시민께 세제 한 통씩 다 전해드렸습니다. 자기 집, 자기 거처는 자기가 소독해라. 누가 대신해줄 수 없다. 많은 봉사단체와 소독방제단체에서 하고는 있지만 자기 스스로 소독하는 것이 기본적으로 중요하다는 것을 알리기 위해서입니다.

제가 지금 쓰고 있는 이 마스크가 일명 스타킹 마스크입니다. 면 마스크용인데 스타킹제조회사에서 기증을 했습니다. 가운데 부분에 항균 기능을 하는 구리 성분이 함유되어 있습니다. 구리시는 최초로 전 공무원들에게 면 마스크 쓸 것을 권장했고 KF94 마스크가 부족해서 대란이 일어났을 때 제가 직접 총리님께 면 마스크 먼저 쓰시도록 말씀드렸고 면 마스크 보급에 앞장섰는데 구리 시민은 1인당 2매씩 필터 포함해서 모두에게 나눠줬습니다.

또 면 마스크 나눠주는 것으로 그치지 않고 마스크를 벗을 수밖에 없는 곳들, 식당 등의 다중이용시설 영업주와 그곳을 이용하는 사람들에게 행정명령으로 건강상태 질문서라는 것을 작성하도록 했습니다. 이름, 방문일시, 해외여행 여부 등 식당에 가면 주문받기 전에 이것을 먼저 쓰게 했습니다. 다중 이용시설에서 확진자가 나와도 이 자료를 근거로 챙기자고 미리 진행하고 있었는데 얼마 전 시행된 QR코드 전자출입명부 제도와 함께 잘 진행되고 있습니다.

해외입국자의 경우 모두 자가격리하도록 하고 그 가족들은 숙박업소를 지정해서 2주간 격리수용할 수 있도록 해서 해외 감염에 대한 차단도 먼저 진행한 바 있습니다.

그리고 지금 안심식당 이야기를 하는데 구리시는 안심식 당 이야기가 나오기 전에 코로나19 행정명령 준수를 잘한 곳을 미리 확인해서 모범업소 명패를 붙여줬습니다. 안심식당 나오기 전에 구리시가 먼저 방역체계, 검사 등 잘 하고 있는 걸 체크하다보니까 모범업소 스티커가 붙은 곳은 시민들이 먼저 가서 많이 이용해주고 있다고 합니다. 그리고 마스크 미착용자 버스 탑승 불가 방침도 행정명령을 먼저 내려서 다른 어떤 지역보다도 선도적으로 진행했습니다. 또 서울로 출퇴근하는 분들이 많아서 광역버스 내 거리두기를 위해서 전세버스를 긴급 투입하기도 했습니다.

또 구리시가 매년 한강시민공원에서 유채꽃 축제를 해왔는데 코로나로 개최할 수 없게 되면서 유채꽃을 어떻게 처리할 것인지에 대한 문제가 떠올랐습니다. 다른 지역 유채꽃은 다 갈아엎더라고요. 그런데 구리시는 새마을, 적십자, 자유총연맹 등 봉사단체 회원들하고 유채김치를 담가서 취약계층에 나눠드렸습니다.

그리고 코로나19 극복을 위해서 100여 개 시민단체들이 범시민대책위원회를 구성해 코로나와 전쟁에서 주역으로 나서고 있습니다. 모든 업소를 다니면서 방역수칙을 정하고, 제대로 안 하는 곳은 신고 정신을 발휘해 열심히 뛰고 있습니다. 구리시가 어떻게 보면 지방자치단체 중에서 규모가 아주 아담 사이즈예요. 그래서 저하고 긴밀하게 소통하면서 시청 공무원들 천여 명이 전부 맨투맨으로 매칭이 돼서 업소를 관리하고 뛰고 있는데 제가 볼 때는 코로나 전쟁은 내가 혼자 하는 게 아니라 완전히 팀플레이가 되어야 하고 지방자치단체에서 선도적으로 진행할 수 있는 차단과 방역의 모든 시스템을 가동하는 데에 있어서 그 지역의 재난안전대책본부장이 회의를 통해서 결정한 것들을 잘 진행해야 하고, 그리고 법 문제가 어렵고 걸리면 적극적으로 행정위원회에서 미리 행정준비를 해서 법 위반에 대한 것들도 감안해서라도 선도적으로 움직이면 방역하는 데에 많이 도움이 되는 거 같고요. 마스크 잘 쓰고, 손소독 자주하고, 마스크를 벗는 곳에서는 건강상태질문서를 잘 작성하면서 거리를 둬야 합니다.

구리시는 지금 마스크 착용을 전제로 도서관, 배드민턴장 등의 운영을 재개했습니다. 즉 코로나와의 전쟁에서는 마스크를 철저히 쓰고 모든 일상을 즐기자! 이렇게 하면서 구리시는 지금도 9만 원 재난기본소득 아껴 쓰면서 잘 지내고 있습니다.

문석진 : 다음으로 휴먼시티 수원을 이끌고 계시는 전국 시장군수구청장협의회 회장이신 염태영 수원시장님의 포스트 코로나와 지방정부의 미래라는 주제의 발표를 듣겠습니다.

염태영(수원시장) : 수원시장 염태영입니다. 구리시, 지방자치를 보면 20만 정도 되는 도시의 시장, 굉장히 해볼 만하고 늘 현장을 다 챙길 수 있어서 그야말로 지방자치의 원래의 모습, 지방자치의 규모가 아닌가 하는 생각이 듭니다. 그러니까 아주 재미난 사례들도 많이 만들 수 있다는 생각이 듭니다. 문석진 회장님도 아마 서대문에서 진행한 여러 사례들을 소개하고 싶어 입안이 간질거리실 겁니다. 우리도 마찬가지입니다. 저도 10년째 시장을 하는 입장에서 그동안 감염병도 많이 겪고 해서 우리 시가 선도적으로 했던 몇 가지 사례를 여러분에게 안내해드리도록 하겠습니다.

보통 태풍, 홍수 같은 자연재난이 있죠. 그리고 사회재난이 있는데 감염병, 화재 같은 것들입니다. 그 외에도 많은 재난, 재해가 있는데 이것을 1차적으로 관리하고 책임지는 곳이 기초 지방정부입니다. 앞서 안승남 시장님이 말씀하신 것처럼 과잉대응, 신속대응, 그리고 피해를 최소화 하는 것 등이 현실적인 목표이죠. 그동안 재난이 발생했을 때 우리는 어떻게 대응했는지 한 번 보겠습니다. 2015년 메르스 당시에 시장을 하면서 최전선에서 생생하게 경험을 했습니다. 당시 급속도로 전파될 때 정부는 속수무책이었습니다. 정보를 감추기에 급급했고 시민 불안, 정부에 대한 불신이 날로 높아졌죠. 당시 지방정부가 갖고 있는 권한도 없고 골든타임을 놓치는 경우가 비일비재하다보니까 그때 서울시장님이 긴급기자회견을 통해서 정부에 촉구하고 난 후부터는 병원도 폐쇄하겠다는 자세로 강력한 대응을 우리가 직접하고 나섰습니다. 메르스 직후 우리 시는 뼈저린 반성과 평가를 하면서 감염병 관리팀을 보건소에 신설했습니다. 그 전까지는 이런 상황에 대응하는 전문적인 기구나 인력이 보건소에 거의 없었거든요. 그러나 감염병이 얼마만큼 우리 사회에 충격으로 다가올 수 있는지 미리 대응하는 것이 필요하겠다는 판단으로 조직을 만든 것입니다. 또 대학병원이나 의사회, 간호사회, 약사회 등 의료인들을 총망라해서 거버넌스 조직인 '굿모닝메디포럼'을 구성했습니다. 이렇게 감염병 대응 상시 소통 시스템을 구축해서 정기적으로 감염병 예방에 대한 논의를 하기 시작했습니다. 이것이 격월로 지금도 계속 진행되고 있습니다.

그리고 메르스 대응의 모든 과정을 담은 백서 〈일성록〉을 제작해서 이후 모든 감염병 대응의 매뉴얼로 사용하도록 했습니다. 이것을 총리님께 직접 전달하기도 했는데 코로나 사태가 터지자마자 여러 지자체에서 요구해서 사실은 품절이 됐고, 이후에는 USB에 담아서 드리고 있습니다.

지난 2월 5일 수원에서 두 번째 확진자가 발생했는데, 보니까 첫 번째 확진자와 두 번째 확진자가 같은 건물에 있어요. 이거 정말 걱정이 되더라고요. 한국형 가옥구조는 확진자가 발생하면 다른 사람이 같이 있는 한, 반드시 감염시킬 수밖에 없게 돼요. 그래서 확진자 주변 밀접 접촉자는 원천적으로 격리하는 것이 필요하겠다고 판단해 2월부터 바로 접촉자 임시생활시설을 운영하게 됩니다. 수원 유스호스텔을 접촉자 임시생활시설로 지정해서 2월부터 5개월째 운영 중입니다.

3월 초 지나니까 우리 시에서 발생하는 확진자보다 더 많은 것이 해외입국자 감염이었습니다. 안심귀가서비스를 만들었습니다. 공항에 도착하면 수원시민은 콜밴에 한 분씩 별도로 태워서 임시생활시설인 수원 선거연수원에 수용하고 그곳에서 검사를 한 다음에 음성인 분은 집으로 보냅니다. 그러면 또 집에 있는 가족들이 문제입니다. 그래서 숙박업소들과 업무협약을 체결해서 70% 할인된 가격으로 해외입국자 가족들이 묵을 수 있는 안심숙소서비스를 시작했는데 이러한 시스템으로 해외입국자에 대해서 처음부터 끝까지 전체를 관리하는 것입니다. 그렇게 하다보니까 해외입국자 한 명당 70~80만 원 정도의 비용이 듭니다. 하지만 그분들이 그냥 귀가해서 주변으로 감염이 우려되는 것보다는 그 정도 비용은 감당할 만하다는 생각을 갖고 했습니다. 천 명 가까운 분들을 그렇게 관리했는데 그 안에서 확진자가 네 명 나왔습니다. 그 네 명이 집으로 갔으면 가족을 감염시켰을 것이고 주위에 엄청난 피해를 줄 수 있었기 때문에 우리로서는 아주 다행스럽게 생각합니다.

그 외에 공적마스크 5부제 시행 당시에 직접 약국에 가서 줄 서서 기다리면서 구매할 수가 없는 감염병 취약 계층이 있지 않습니까? 그래서 노약자, 임산부, 장애인 분들께 제공할 마스크를 위해서 우리 시 과장급 15개 부서장들로 구성된 '마스크 원정대'를 만들었습니다. 이 분들이 경기도 내 78곳 마스크 공장에 가서 몇 개씩이라도 사오게 해서 총 20만 장을 확보했고, 이를 노약자, 임산부, 장애인 분들께 제공하게 됩니다. 또 약국에 마스크를 배송하는 업체가 두어 개 정도밖에 안됩니다. 이 분들이 500개 넘는 마스크 배송시스템을 다 맞출 수가 없어요. 그래서 '마스크 배송반'이라고 우리 시 공무원들이 분담해서 매일같이 마스크를 약국에 배송했습니다. 또 약국을 약사 한 분이 운영하는 경우가 많은데, 공적마스크 사려고 몰려오는 사람들을 제대로 응대하기가 어렵습니다. 그래서 약국에 나가서 직접 판매를 도와주는 약국 지원 인력을 운영했습니다. 마스크 제작 역시 보다 성능 좋은 천 마스크로 만들어서 필터 교환식으로 우리 시민들, 자원봉사자들이 한 거죠. 대부분 지자체들이 했던 것으로 알고 있습니다.

이렇게 기초 지방정부들이 지역 실정에 맞는 창의적인 방역, 그리고 경제정책들을 선도해나가는 것이 제게는 마치 기적 같은 일처럼 여겨집니다. 왜냐하면 기초 지방정부들은 재정 자립도도 형편없고 권한이 부재한 상황에서 이것은 2할 자치의 기적이라고 이야기할 수밖에 없습니다. 코로나를 겪으면서 우리 정부는 또 한 번 진화하고 있다는 생각이 듭니다. 그 와중에 우리가 예전부터 요청했던 코로나 3법이 국회를 통과하면서 기초 지방정부도 역학조사를 요청할 수 있는 권한을 갖게 되었습니다. 메르스 때부터 요청했던 사안인데, 5년 만에 개정된 것입니다. 더 빨리 도입되었다면 이번 코로나도 초기부터 훨씬 더 효과적으로 대응할 수 있었다는 말씀을 드립니다.

전국 방역의 콘트롤타워 역할을 아주 훌륭히 수행한 질병관리본부가 있죠. 이번 코로나 사태를 겪으면서 중앙정부가 질병관리청으로 승격시키겠다는 발표를 했는데 저는 환영을 합니다. 그런데 질병관리청 소속으로 권역별로는 질병대응센터가 생겨요. 그렇게 되면 지방정부도 감염병 대응 역량을 강화하는 '감염병관리센터'를 신설할 수가 있는데 이것이 기초지자체가 감염병에 대응할 수 있는 시스템까지 만들지 않으면 머리만 커질 수 있어요. 저는 그래서 중앙정부에 지역의 의료보건시스템을 획기적으로 강화하는데 기여할 수 있도록 유기적으로 연계되도록 대응체계를 만드는 구조로 가야한다는 것을 꼭 부탁을 드리고 싶습니다.

모두가 포스트 코로나 이야기를 합니다. 코로나가 우리 사회에 던진 질문에 새로운 패러다임으로 대답을 해야 할 것이거든요. 이것은 결국 중앙 주도의 경제 개발이 지속가능한가, 하는 문제와 맞닿아있는데 우리 사회의 안전망에 대한 심각한 문제 제기가 요구되는 것이라고 생각합니다. 새로운 패러다임에 입각한 새로운 정책 내용들이 쏟아질 텐데 저는 그 한가운데에 우리 사회 자치분권이 있다고 생각합니다. 우리 정부의 운영방식이 지금과 같은 중앙, 중앙에서도 상부 중심으로 되어있어서는 위기에 효과적으로 대응할 수 없습니다. 중앙과 지방정부, 또 국가와 시민이 보다 효과적으로 대응할 수 있는 사회 프레임으로 나아가는 것이 꼭 필요하다는 말씀을 드립니다.

새로운 감염병이 등장하는 가장 큰 원인은 결국은 생태계 파괴, 기후변화 문제인데 그러다 보니 이번에 정부 대책 역시 포스트 코로나의 새로운 과제로 그린뉴딜이 조명을 받고 있습니다. 우리에게 그린뉴딜이라는 것은 결국 기존의 중앙집권형 에너지 시스템에 대한 근본적인 문제 제기에서 출발한다고 생각을 해요. 원자력 발전이나 화력발전 같은 것은 대규모 시설이기 때문에 국가통제에 집중된 권력이 필수적일 수밖에 없어요. 따라서 이러한 발전 방식이 포스트 코로나 시대 에너지 정책으로 가는 것은 절대적으로 옳지 않습니다. 왜냐하면 기후변화 문제를 반드시 유발할 수밖에 없기 때문입니다. 그래서 저는 그린뉴딜이 지향하는 재생에너지 시스템으로 지역의 자연, 지역의 여건, 지역주민의 삶과 양식에 기반한 지역분권형 에너지 정책과 그린뉴딜 정책이 나와야 한다는 말씀을 드립니다. 지난 6월 5일 환경의 날에 전국 226개 기초 지방정부들이 모여서 기후위기 비상선언을 선포했습니다. 우리나라 모든 기초 지방정부가 참여한 최대 규모이고 최초 선언입니다. 그래서 지역 주도의 그린뉴딜이 성공하려면 지방분권과 동행되어야 하고 또 지역이 갖고 있는 이번 코로나 사태 때 보여줬던 창의성, 지방정부의 역량 이런 것들이 중앙정부와 제도적으로 뒷받침이 잘 돼서 그린뉴딜 성과를 만들어야겠다는 생각이 듭니다.

지난 4월 29일에 우리 사회는 또 다른 큰 아픔을 경험하게 됩니다. 이천 물류센터 공사장 화재사건입니다. 서른여덟 분이 돌아가셨습니다. 이와 같은 대형 화재참사의 원인은 열악한 노동환경이라고 할 수 있는데 최소한 안전장치조차도 작동하지 않는 열악한 노동환경과 불법 현장을 방치했기 때문에 이렇게 큰 피해를 낳게 된 것이죠. 그래서 저는 현장을 잘 아는 지방정부가 노동환경 감시 권한이 있어야 한다는 말씀을 또 드리고 싶습니다. 지역사회 중심의 사회안전망을 강화하기 위해서는 복지안전망과 노동안전망이 양대 축으로 꼭 필요하다는 것이고요, 이것이 포스트 코로나 시대 뉴노멀로 꼭 나와야 한다고 생각합니다. 복지를 늘리기만 한다고 이것이 해결되지 않습니다. 질서 있는 체계 구축이 반드시 전제되어야 한다는 말씀을 드리면서 이를 위해서는 전국의 기초 지방정부들이 200개 이상 참여하는 복지특별위원회를 만들어서 정책 대안을 만든 것이 있는데 이것이 중앙정부하고 긴밀하게 정책의 내용을 앞으로 제도화하기로 했습니다.

결국 이렇게 우리의 문제를 해결하기 위한 가장 효과적인 방법은 분권개헌과 지방자치법 전부 개정 등을 통해서 기초 지방정부들이 현장 대응력을 높이고, 현재 우리가 갖고 있는 기후위기와 에너지 위기, 그리고 감염병 빈발 등을 막을 수 있는 포스트 코로나 시대를 대비하는 분권개혁운동을 통해서 지역 실정에 맞는 현장 대응력을 갖추고 에너지 분권까지 나아가야 한다는 말씀을 드립니다. 이런 것들이 이제 본격적으로 논의되는 시기에 접어들었습니다. 뉴노멀의 시대, K-방역이라는 세계적인 모델이 탄생한 저변에 깔려 있는 지방정부들의 창의적 대응, 현장의 노력들을 잘 엮어서 보다 효과적으로 제도화할 수 있는 지방분권의 실현을 통해서 감염병 위기 시대에 대응하도록 해야 합니다.

문석진 : 구리가 20만 도시고 수원이 100만이 넘는 도시입니다. 두 도시의 단체장을 맡고 계시는 시장님 두 분이 발표해 주셨습니다. 수원시장님의 발표 마지막에 나온 것이 결국 지방분권이 앞으로 감염병 사태, 이와 유사한 위기 대응에 효과적이라는 내용들을 이야기 해주셨어요. 그러면서 기후변화도 함께 언급해주셨습니다. 다음은 전문가 패널 발제로 한신대학교 경제학과 정건화 교수님께서 기후위기 시대 도시 전환을 주제로 발표를 해주시겠습니다.

정건화(한신대학교 교수) : 한신대학교 경제학과 정건화입니다. 오늘 이렇게 바쁘신 시장님들 모인 자리에서 이런 시간을 가질 수 있어서 감사한 마음입니다. 특히 생활 정치 영역에서 선도적으로 감염병 상황을 극복해가는 성과들을 내서 이것이 중앙정부에 의해서도 확산이 되고 실제로 한국 사회가 방역에서 모범적인 사례를 남기는데 많이 기여했다고 생각합니다.
　제가 지금부터 이야기하려고 하는 내용은 거대 도시, 도시의 정책 전환이 필요한데 그 방향은 어떤 넓은 공간을 그대로 과거처럼 거점 개발하는 방식이 아니라 지역들에 대한 것이고, 서울로 따지면 25개 자치구일 것입니다. 지역에 있어서 자급력과 회복력을 강화하는 방식으로의 정책이 굉장히 중요하고 필요하고 그 핵심에 경제가 있다는 것입니다.

우리가 지금 겪고 있는 코로나 바이러스라는 감염병 위기는 사실 검은 백조와도 같은 사건이죠. 누구도 이렇게까지 모든 세상이 동시에 정지되는 것을 이런 수준으로 예측하진 못했습니다. 아무도 예측하지 못 했는데 그 사건이 벌어질 때 엄청나게 큰 타격을 주는 사건을 블랙스완(black swan), 즉 검은 백조라 합니다. 그러나 한편으로는 기후위기, 산업문명이 초래한 인수공통 감염바이러스 위기는 예견된 부분도 있는 사건이기에 검은 백조가 아니라고 할 수도 있겠습니다.

'블랙스완'의 함의는 미래를 기존의 방식으로 대응해서는 해법을 찾을 수가 없다는 것입니다. 그런데 사람들은 기존의 방식으로 대응하려고 하기 때문에 바로 여기서 패러다임의 전환, 뉴노멀의 필요가 나오는 것입니다. 이제 말로서가 아니라 실제 행동으로서 그 전환이 일어나야 합니다. 그런 의미에서 제 발표 주제의 핵심은 도시의 전환에 관한 것이고, 전환의 핵심에는 경제가 있습니다.

우리나라가 이번에 방역에는 성공적이었지만 더 따지고 들어가면 기후 악당 국가라는 오명을 벗을 수가 없습니다. 우리가 매년 남기는 생태발자국은 우리나라 면적을 세 배나 초과하고, 동물살처분, 미세먼지로 인한 고통은 더 이상 강조할 필요가 없는 상황입니다. 이런 것들의 결과로서 우리는 저탄소 경제로 가기 위한 전환의 요구와 필요는 사실 오래 전부터 요구받고 있었습니다. 그런데 '어디로 갈 것인가'가 굉장히 중요한 문제이고, '어떻게 갈 것인가'가 핵심입니다. 지금 겪고 있는 기후위기, 고령화 등의 문제들은 지금까지 우리가 대응했던 정책이나 설명을 넘어서는, 즉 노멀(normal)을 넘어서는 것이죠. 정상의 영역을 넘어선다는 것은 정상적 해법, 정상 과학의 영역을 넘어서는 것입니다. 바로 그 안에 기후변화나 코로나 바이러스의 문제가 있습니다.

그래서 뉴노멀 논의에서 '어떻게 전환할 것인가'에 대한 합의가 잘 안 만들어지고 있는 상황인데, 분명한 것은 현대 산업 문명이 가지고 있는 규모의 문제가 있습니다. 지구 차원에서 수용 능력의 한계를 넘어서고 있다는 것이고 경제학자 스턴(Nicholas Stern)이 "현상유지만을 위해서도 전 세계 경제는 GDP의 5~20%정도를 지불하게 될 것"이라는 이야기를 이미 2006년에 한 바 있습니다. 우리가 지금 코로나 바이러스를 겪으면서 마이너스 성장을 보이고 있는 것은 그와 같은 예견 자체가 틀린 것이 아니라는 사실을 실감하게 해주고 있습니다. 이런 상황들을 넘어서려면 관점이 매우 중요합니다. 제가 경제학을 하다보니까 경제학이 정말 문제라는 생각을 하고 있습니다. 성장주의를 넘어서기 위해서 많은 이야기를 하는데 경제학자들은 우리가 살고 있는 지구라는 생태적 한계에 대한 것은 잘 배우지 않습니다. 또 경제학은 예를 들어 외부성이라는 이름으로 꿀벌이 열매를 맺게 해주는 역할이 갖는 경제적 가치에 대해서 한 번도 계산해본 적이 없거나 그런 것을 이해하지도 못하는 경우가 많습니다. 제가 정말 말씀드리고 싶은 것은 철학과 경제학이 만나야 한다, 경제에 대한 철학을 다시 고민해야 되는데 칼 세이건의 〈코스모스〉를 보면 '창백한 푸른 하나의 점'이 지구라는 사진이 있지요. 개인적으로 그 사진이 준 충격은 엄청난데요. 이 우주적 사유, 창백한 푸른 점의 의미는 우리가 살고 있는 지구나 우리 인간 모두가 대단히 미미한 존재라는 것이고 이것을 깨달음으로써 어떤 성찰과 반성의 힘이 있었습니다. 우리가 지금 살고 있는 이 공간에 대해서 이 시스템에 대해서 무언가 새로운 변화를 고민하게 만들어주는 큰 의미를 가지고 있었습니다. 빅뱅으로부터 시작한 먼 우주의 역사에서 지구의 탄생, 그 지구 속에 우리가 살고 있는 경제에 대한 인식을 해보면 자연과 생태를 환기해내는 것이 어렵지 않은데 그런 것들에 대한 인식이 분리되어 있는, 분절적인 현실의 환경이 우리로 하여금 경제라는 것을 대단히 고립적으로 사고하게 만드는데 문제는 이런 식으로는 더 이상 지속될 수 없다는 것이죠. 특히 단순한 인식이나 철학적 사유의 문제가 아니라 젊은 세대들에게는 지금 한국 사회의 경제시스템은 결코 대안이 아니라는 심각한 현실이 있습니다. 4차 산업혁명, 디지털 경제, 사물인터넷 대응하자고 하는데 개인적 차원으로 무한경쟁 속에 대응하는 방법이 정답은 아닌 것이죠. 기본적으로는 고용 없는 성장이 지속되는데 우리가 다 알다시피 자본주의 경제라는 것은 모두가 자신의 노동력을 팔아서 생존하게 되어 있는데, 노동력을 구매하지 않는 구조적 상황이 심화되고 그것을 개인의 책임으로 돌리지만 그것은 시스템 오류라는 것입니다. 시스템이 작동하지 않는 상황이기 때문에 지금은 개별적으로, 개인주의적으로 접근하는 게 아니라 시스템을 어떻게 바꿀 것인가를 미래 세대 관점에서 고민하는 것이 필요하다고 생각합니다. 그런 것들이 청소년 기후 행동으로도 나오고 많은 우리나라의 중고등학생들을 대상으로 한 설문조사에서 미래 정치 리더십의 핵심은 기후위기에 어떻게 대응하는가라고 응답한 결과도 있습니다. 실제로 서울시 교육청도 생태 전환 교육을 위한 중장기계획을 수립하고 진행하고 있습니다. 이 안에 들어있는 중요한 몇 가지 중에 보면 탄소배출제로 학교나 학교 급식에서 채식 선택권 같은 것들도 제안되고 있고요. 또 이런 것은 이미 오래전에 지속가능발전이라고 하는 틀에서 다방면으로 제시되어 있습니다. 지속가능발전의 핵심적

방법은 그것을 통합적으로 하는 것이고 또 어떻게 우리 사회에서 사람들의 생각을 바꾸기 위한 교육으로 이것들을 할 것인가가 매우 중요한 과제로 제기되고 있습니다. 예를 들면 학교 채식 선택권의 도입에 있어서도 단순히 급식에 채식을 넣는 문제가 아니라 이것이 동물권이나 공장식 축산, 물 부족과 사막화 문제 등과 같은 사회 문제들과 연관이 되는지를 같이 고민해줘야 되고 로컬푸드, 태양광, 자원순환, 지역순환경제, 지역공동체와의 협력 등을 통해서 함께 만들어져야 하는 상황입니다. 따라서 교육은 학교 안에서만 이루어지는 것이 아니라 지역에서, 지역사회에서 함께 가야하는 것이지요. 즉, 전체적인 경제 전환이 필요한데 나오미 클라인(Naomi Klein)이 말한대로 기후변화는 자본주의와 지구와의 전쟁임을 보여줍니다. 그는 여기서 언제나 자본주의가 이기고 있다고 이야기를 하고 있습니다. 이번 팬데믹 상황은 현재의 경제 시스템이 결코 답이 아니고 변화가 있어야 한다는 것을 말해줍니다. 우리가 목도한 것은 위기 시에 시장은 작동하지 않았고 이윤동기로 움직이는 민간경제는 굉장히 무기력했다는 것입니다. 즉, 우리의 삶에 중요한 재화와 서비스가 글로벌 이윤 경제에 전적으로 의존해서는 안 되고 앞서 구리시장님, 수원시장님이 말씀하신 것처럼 지역사회 안에서 방역뿐만 아니라 좀 더 가면 식량과 먹거리 문제, 에너지 문제, 보건 의료 등이 바로 그런 문제가 된다고 생각합니다.

　이런 이야기들은 이미 많이, 사실 경제학 안에서도 많은 이야기들이 있었습니다. 주류경제학에 안 나와 있지만 저희가 로컬을 강조하고 이미 1960년대에 미국의 경제학자는 우리가 살고 있는 건 행성이라는 한계 속에 있는 경제라는 이야기를 했습니다. 그리고 슈마허(E. F. Schumacher)가 이미 1970년대 '작은 것이 아름답다'고 해서 무한성장이 답이 아니라 했고, 실은 어떤 뛰어난 경제학자도 무한성장을 이야기한 것은 없고요. 어떤 생명체도 무한히 성장하진 않거든요, 암세포를 제외하고. 주류화 되지 않았기 때문에 저희들에게 잘 안 알려져 있는데, 로마클럽 회원인 데이빗 콜튼(David Korten)이 제안하는 '생명을 살리는 경제시스템'을 보면 많은 기초지자체들이 열심히 하고 있는 로컬푸드, 마을기업, 에너지 자립, 공정무역, 투기 금융에 대한 규제, 커뮤니티 공동체 이런 것이 들어 있습니다. 골목 경제에 대한 이야기도 나오고 있습니다.

　주류경제학 안에서도 반성들이 많이 이루어지고 있어서 그린뉴딜이나 그린 이노베이션, 웰빙, 행복지표 등 GDP를 넘어서기 위한 움직임이 이미 주류경제학 안에서도 많이 수용되고 있습니다. 프랑스 대통령이 GDP를 대체할 보고서를 만들어보자는 제안을 하기도 했고 이미 뉴질랜드 같은 나라는 행복이라는 예산을 편성해서 운영하고 있지 않습니까? UN에서도 매년 '행복보고서'를 내고 있습니다. GDP가 올라갈수록 사람들은 더 불행하다고 느끼게 되는, 그 괴리를 더 이상 방치할 수 없는 지경에 이르렀기 때문에 비단 기후위기 문제뿐만 아니라 경제에 대한 관념의 변화는 매우 시급하고 중요한 과제라는 이야기들이 공유되고 있습니다. 수원시와 구리시도 행복지표 개발에 참여한 바 있는데, 그러한 노력들도 그런 맥락에서 제기되고 있는 겁니다.

지금부터 제가 조금 더 이야기하고자 하는 것은 순환경제에 대한 것입니다. 원래 경제는 순환이죠. 생산, 유통, 분배, 소비, 그다음에 폐기물. 지금은 글로벌 순환이 주류이자 미덕이자 경쟁력으로 인식되고 있지요. 글로벌 자본주의가 미덕이고, 우리나라는 특히 경제 해외의존도가 매우 높습니다. 이처럼 국제분업과 경제순환이 글로벌 차원이기 때문에 마스크 하나를 미국이 제대로 공급하지 못한 것입니다. 그리고 우리는 너무 거대한 순환의 가운데서 살기 때문에 둥근 지구가 평평하게 보이는 것처럼 경제가 순환이 아니라 선형으로 생각됩니다. 그래서 평평한 저 편에 있는 상황에 대해서 아무 관심이 없는 거예요. 우리가 커피를 마실 때 지구 반대편의 커피 노동자들이나 원주민들이 어떤 상태에서 그걸 공급하는지 모르는 거죠. 그러나 이제 모두 각자 이기적으로 행동하면 보이지 않는 손이 조화를 만들어주는 게 아니라는 사실이 너무나 분명하게 확인되고 있기 때문에 자원의 생산부터 자원이 오염되고 고갈되고 동시에 쓰레기를 누적시켜 지구 생태계가 감당할 수 없는 이 경제 시스템은 이제 바뀌어야 한다는 인식들이 확산되고 있습니다.

그것이 선형경제가 아니라 순환경제의 문제의식입니다. 순환경제를 가능하게 하는 많은 조건 속에는 이런 디지털 첨단 정보통신 기술도 작용을 합니다. 순환경제 핵심에는 우리가 무엇을 소유하지 않게 만드는 것도 포함됩니다. 새로운 물류, 통신, 에너지, 기술이 협력적 공유경제를 만들어낼 수 있고 이 안에서 공유가 가능하도록 하면 그것들을 계속 내다 버리는 방식이 아니라 얼마든지 재활용하고 재사용하고 만드는 단계에서부터 적게 쓰는 등 이것이 길게 가면 경제적으로도 굉장히 유용하다는 이야기입니다. 또 자원고갈과 오염의 문제가 있는데 지금 미국이나 유럽이 그린뉴딜을 시행하면서 우리 같이 값싼 에너지로 물건을 만들어서 수출하는 나라에는 탄소세나 탄소국경세를 무겁게 부과할 것입니다. 우리나라가 경쟁력을 가진 산업을 보면 에너지의 관점에서 문제가 심각하기 때문에 산업구조를 조정할 경우 실업자가 엄청나게 발생할 수밖에 없습니다. 미리 대응하지 않으면 치명적인 결과를 초래할 수밖에 없고 우리의 지속가능한 경제적 성장 동력이 굉장한 위기에 봉착해있다는 겁니다. 순환경제 선구자들은 이미 1970

년대에 타임즈 오늘의 인물로 많이 선정된 바 있고 이들은 중국이 산업화 과정에서 도시화가 빠르게 진행되면서 어마어마한 주택과 건물을 짓기 위해 많은 토양이 소실될 것을 우려해서 초기부터 생태도시화, 생태마을 등에 굉장히 많은 관심을 가지고 투자를 했고 지금도 하고 있습니다.

구글, 나이키 등 글로벌 대기업부터 프랑스 파리 등의 도시들도 모두 순환경제의 원리를 도입하는 추세입니다. 핀란드의 경우 국가경쟁력을 순환경제로 재편하기 위한 시도를 하고 있습니다. 우리나라의 경제정책에도 이러한 것들이 도입되어야 합니다. 현재 유럽의 '그린딜'에서는 'Farm to Fork'라는, 농축산물의 생산부터 유통, 가공, 포장, 소비, 음식물 쓰레기까지 하나의 순환 과정으로 생태 친화적 구조 전환을 이루려고 시도하고 있습니다. 사실 지구상 어떤 생명체나 생물의 어떤 조직의 경제활동도 그 배설물과 폐기물은 다른 존재들의 식량이 됩니다. 유일하게 인간의 경제활동 결과물만 폐기물로 누적되고 있는 거죠. 그래서 'Waste is food'라고 하는 명제는 엄청난 철학적 깊이를 가졌습니다. 故 김종철 선생께서 〈녹색평론〉에 많이 소개하신 웬델 베리(Wendell Berry)나 웨스 잭슨(Wes Jackson) 같은 분들이 말하는 경제가 그겁니다. 다년생 다작경영, 에너지 자립 등을 유럽은 '그린딜'을 통해 실제로 시도하고 있습니다.

자동차의 통행속도를 줄이고 주차장을 없애서 그곳을 일종의 로컬팜으로, 텃밭을 만드는 시도를 해서 주목받고 또 최근 재선에 성공한 이달고(Anne Hidalgo) 프랑스 파리시장도 "도시경제는 사람들이 걷고 먹고 생활하는 방식으로 활성화되는 경제"라고 말했습니다. 파리는 2017년부터 순환경제 플랜을 시도하고 있습니다. 그 내용을 보면 거버넌스, 협치, 공유경제 등이 포함되어 있습니다.

미국 LA, 뉴욕의 기후위기 대응 정책을 보더라도 그 안에 전환에 대한 이야기가 들어있는데, 전환이란 그저 대충 열심히 하는 데 머무는 것이 아니라 담대하게 도시계획과 관련된 제반 정책을 바꾸는 것을 의미합니다. 이와 같은 전환의 핵심은 경제인데, 적어도 도시 경제는 산업이 아니라 시민의 경제여야 합니다. 많은 지방정부들이 사회보장 시스템 밖, 사회 안전망 밖에 있는 노동자 시민들을 위한 소득과 일자리 대책들을 우선 배치하고 있죠. 상황이 앞으로 더욱 심각해질 텐데, 지금 그린뉴딜이라는 이름으로 추진되는 정책의 궁극적인 지향점은 보다 안전한 도시, 평화롭고 안정된 일자리와 일상의 삶이 가능한 도시로 만들어주는 유무형의 인프라와 제도, 시민 역량을 키우는 노력이 필요합니다. 많은 도시들이 이미 그런 시도들을 하고 있습니다.

우리나라에도 많이 알려진 케이트 레이워쓰(Kate Rawo

rth)의 '도넛경제학'에서 제시된 경제모델을 네덜란드 암스테르담시가 도입하는데 도넛경제의 두 개의 링이 하나는 사회적 기초의 링, 하나는 행성적 한계의 링입니다. 두 개의 링 사이에서 도시경제 정책이 이루어지도록 한다는 것이 그 핵심 내용입니다. 이를 위해서 지역사회의 많은 기존 정책들, 공공이 이니셔티브를 추구하는 정책, 민간을 서포트해 주는 것 등 여러 가지 정책들이 그동안 해온 협치와 주민참여의 성과를 바탕으로 통합적이고 협력적으로 도시 전환을 시도하는 것입니다. 참여와 거버넌스, 통합적 접근이 매우 중요하고, 그것을 가지고 지역경제의 회복성과 자족성을 강화하도록 하는 것이 지역 순환 경제입니다.

지역 순환 경제라는 것은, 더 이상 기업과 시장만이 경제의 주체가 아니고 글로벌 경제 순환이 만병통치약이 아니라고 한다면 지역을 기반으로 해서 순환경제 규모를 지역수준으로 스케일 다운하고 그 안에서 특히 식량, 먹거리, 에너지, 돌봄 등을 지역 내 경제활동과 연계시키는 방식이 핵심이라고 생각을 하고요. 지역 내 순환, 인간과 자연의 순환, 경제순환을 포괄하는 개념이고 그런 실천 전략들을 만들어낼 필요가 있습니다. 헬레나 노르베리 호지(Helena Norberg-Hodge)의 최근 책의 〈로컬의 미래〉에 보면 공유와 순환의 경제라는 것이 그 이야기를 하는 것입니다. 지난 6월 21일 온라인으로 열린 세계 지역의 날(World Localization Day) 컨퍼런스 몇십 만 명이 전 세계에서 관심을 가지고 참여했고, 지역 활성화와 마을 만들기에 일찍부터 관심을 가져온 일본 역시 도시의 지속가능성을 이야기하는데 마을과 커뮤니티 경제, 지역 차원의 경제가 날로 심각해지고 있는 사회적 위험과 재난 속에 인간 안보(human security)의 기초라고 이야기를 합니다. 이와 같은 논의들이 모이는 공통의 방향이 있습니다. 로컬(Local)이라는 지역 단위에서 로컬 인재를 키워야하고, 로컬의 문제를 해결해내는 인재 양성이 필요합니다.

정치 또한 문제 해결 능력을 갖는 생활 정치에서의 리더십이 중요하고, 지역 내 경제 순환의 자족성을 높이는 것이 임박한 코로나 바이러스뿐만 아니라 기후위기에 대응하는 지역 기반 생활 정치의 발전 방향입니다. 이를 위한 전환을 모두가 함께해야 하는데 전환에 대한 여러 가지 비전과 전략, 자원과 주체, 정책들을 꼼꼼하게 점검해보고 이런 노력들이 이제 큰 성과로 이어져야 합니다. 지금 우리나라는 '혁신적 단체장의 시대'라 규정할 수 있습니다. 단체장들의 역량이 굉장히 높고 이분들이 재선, 3선까지 한 분들이 많은데 이들의 성과를 바탕으로 우리 한국 사회 전체에 미래 리더십이 형성되고, 미래가치를 선점하는 키워드들이 만들어져야 합니다.

한국판 뉴딜이 발표되면서 뉴딜 이야기를 많이들 하는데,

뉴딜에는 세 가지 가치가 있는 것이죠. 일단 긴급 구제해주는 릴리프(Relief), 회복하도록 버티게 하는 리커버리(Recovery), 마지막은 미래를 향한 개혁 리폼(Reform)입니다. 궁극적으로 리폼은 어떤 방향으로 갈 것인가에 대해서 경제시스템을 바꾸되 바꾸는 방향에 있어서 지역의 회복력과 자급도를 높이는 방식으로 가야합니다. 이것이 가능하려면 자치분권으로 권한과 자원이 이양되어야 하는 방향성, 당위성과도 부합하는 길이고 또 지역 차원에서의 경제 순환성을 높여주는 경로와 연결되어야 합니다. 행정은 프로그램 지원은 잘하지만 사람에 투자를 하지는 못 합니다. 단체장들이 다 떠나고서도 남은 지역의 역량이 강화되기 위해서는 그런 문제 의식과 경험을 가슴에 품고 살며 삶을 통해서 실천하는 지역주민들의 역량 강화가 굉장히 필요합니다. 특히, 3선이 되신 단체장님들 나가실 때 무엇을 남기고 가실 것인가 고민하실 때 지역주민들의 역량강화가 핵심적인 고려사항이 되기를 요청드립니다.

문석진 : 한신대 경제학과의 정건화 교수님이 도시의 전환경제, 경제 전환 또 서울의 전환 이런 부분들을 미래에 우리가 가져야 될 새로운 세상으로 이야기 하시면서 특히 3선 단체장을 언급하셨는데 저나 염태영 시장이나 다 3선인데 앞으로 남은 2년 동안 어떻게 지역에 전환으로의 생태계를 구축하

고 잘 남기고 갈 것인가가 숙제인 것 같습니다. 이어서 경남연구원 이관후 연구위원님께서 포스트 코로나와 자치분권의 과제로 발표해 주시겠습니다.

이관후(경남연구원 연구위원) : 코로나19 상황에서 기초 지방정부들이 뛰어난 대처 능력들을 보여주었고 또 앞선 발표에서도 그런 부분들이 잘 드러났습니다. 저를 초대해 주신 것은 기초에서 이렇게 잘 대응을 했다면 광역에서는 어떤 일들이 벌어졌는가 하는 것들을 이야기해보라는 취지로 생각을 하고요. 그래서 경상남도라는 광역 단위에서 코로나 대응 당시 어떤 일들이 있었는지 사례를 중심으로 설명하려고 합니다. 크게 두 가지 부분으로 말씀드릴 수 있을 텐데요. 하나는 긴급재난지원금이 굉장히 화제가 되었는데 지금도 여전히 효과들이 나타나고 있습니다만 그것과 관련된 이야기를 드리고, 이번 코로나19 상황을 경험하면서 지방정부들이 왜 이렇게 돋보이게 되었는가, 그 원인이 어디에 있는가에 대해 제 생각을 이야기해보려고 합니다.

긴급재난지원금을 우리는 처음 해봤습니다. 이것이 어떤 의미가 있냐면, 기존에는 사회안전망에 대해 많은 부분을 의료보험, 고용보험 등의 사회보험제도로 커버해왔습니다. 이런 것들은 현금성 복지, 보편 복지가 아니라 가입자가 낸 돈을 다시 가입자에게 돌려주는 보험의 방식입니다. 그런데 긴급재난 지원금의 경우 말 그대로 어떠한 기준을 따지지 않고 전 국민에게 보편적으로, 그것도 현금으로 지급했습니다. 이것이 처음에는 제도권 밖의 아이디어 제안 정도로 머물러 있었던 것 같은데 2월 말 무렵부터 광역·기초 지방정부들이 '재난기본소득'이라는 용어를 전면적으로 사용하게 됩니다. 그때부터 논의에 불이 붙었죠. '지방정부가 쏘아올린 작은 공'이었는데 나중에는 굉장히 큰 공이 되었습니다. 그래서 3월 초 정도에 보면 '재난소득'이라는 개념이 있었고 전 국민에게 피해의 정도나 소득 수준을 따지지 않고 주는 것이 있었고, '재난수당'이라는 용어도 좀 썼었는데 이는 특정한 피해 계층에게 재난 수당을 준다는 개념이었고, 사실 당시에 기획재정부 내에서는 일반적인 융자 지원, 세금 감면 등 재정 정책 같은 일반적으로 경제가 좀 어려울 때 하는 추경 정도의 대안들을 가지고 논의가 되었습니다. 그런데 당시 논란이 있었죠. 3월 정도에 논란이 되었던 것이 양쪽에서 공격을 받았어요. 한 쪽은 기본소득을 강하게 주장하셨던 분들이 이것은 기본소득이 아니라는 겁니다. 기본소득의 조건으로 보통 셋에서 다섯 가지 정도 이야기하는데, 첫째 보편성, 아무에게나 다 주는 것이고요. 둘째 정기적으로 주는 것, 셋째 충분한 금액을 줘야하고, 넷째 어떤 조건을 따지지 않고 줘야 한다. 예를 들어 고용보험 같은 경우 구직활동을 해야 주는 거죠. 그런데 그런 것을 따지지 않고 줘야 하고 다섯째 현금으로 줘야한다는 것이 기본소득을 주장하시는 분들이 말하는 조건입니다. 이러한 조건에 안 맞다는 거죠. 정기적으로 주는 것도 아니고, 충분성은 좀 되지만요.

다른 한 쪽에서는 우리가 기본소득을 줄 만큼 재정 상황이 넉넉하지 않다는 것이었습니다. 기획재정부 같은 경우 재정 상태를 중심으로 이런 이야기를 했었죠. 그래서 필요한 부분에 선별적으로 먼저 투입해야 한다고 주장했습니다.

실제로 이제 그 논란의 핵심이 어디에 있었냐 하면 저희가 처음에 경남에서 2월 하순경에 이에 대한 검토를 시작했었습니다. 그리고 몇 가지 시나리오를 만들어서 3월 초 쯤에 제안을 하게 되었는데 사실은 어느 정도 예측을 했었어요. 실제로 이게 기본소득이라고 하면 아니라고 비판하는 사람들이 나올 것이고 반대쪽에서도 비판하는 사람이 나올 것이다, 그리고 중앙과 지방의 인식차도 분명히 있을 것이다, 그리고 정기적으로 준다는 것에 대해서 문제 제기를 많이 하셨는데 재난이 정기적으로 오지 않죠. 그러니까 재난기본소득을 볼 때 재난에 초점을 두면 정기성을 가지고 기본소득이 아니라고 주장하는 것은 그렇게 큰 의미는 없다고 봤고요. 이런 정도의 논란이 예측이 됐었는데 기본소득 자체에 대한 논란이 확 붙어서 3월 중순 한 일주일 정도 반응이 어떤지 보려고 '긴급재난소득'

이라는 용어를 써봤습니다. 긴급재난소득이라는 용어를 보시면 보편성이 들어있지 않습니다. 긴급하게 재난이니까 준다는 개념이고 '기본'이라고 했을 때는 누구에게나 준다는 보편성을 상징한 것이었거든요. 그런데 '기본'을 빼고 긴급재난소득이라는 용어를 써봤더니 논란이 더 생겼어요. 다 줄 필요가 있는가, 기준을 정해서 주자 이렇게 되어서 결과적으로 '긴급재난지원금'으로 타협이 됐습니다. 여기에 몇 가지 요인들이 있었습니다. 이를테면 기재부 입장에서는 '기본소득'이라는 이름으로 어떤 정책이 집행되는 것을 굉장히 꺼려했던 것 같아요. 이런 여러 가지가 논란이 되면서 지방정부 입장에서는 당장 눈앞의 불을 빨리 꺼야 되니까 명칭이 어떻게 되든 그렇게 큰 상관은 없었어요. 나중에 결과적으로 생각을 해보니 이것이 지방정부가 아니라 싱크탱크나 다른 정부 부처, 학계 등에서 주장이 됐으면 기본소득이라는 개념 자체를 가지고 끝까지 논란이 많이 됐을 것 같은데 지방정부 입장에서는 그런 명분을 크게 따질 필요가 별로 없었습니다. 어쨌든 빨리 지급되면 되는 거예요.

개념에 대해서 우리가 충분히 설명을 했고 충분히 논쟁이 됐기 때문에 결과적으로 놓고 봤더니 이것이 지방정부에서 쏘아 올린 공이었기 때문에 빠르게 굉장히 실질적인 논의가 진행됐고 정치 논쟁으로 빠지지 않고 실행됐던 것이 아닌가 생각이 듭니다. 지방정부에서 기본소득을 한다는 것을 지금 상당히 익숙하게 받아들이고 있는데 사실 굉장히 특이한 겁니다. 긴급재난지원금을 정부 부처나 국책연구기관에서 주장하지 않았고 대학에서 주장한 것도 아닙니다. 지방정부가 이 정책을 주장했었죠. 기존에 정책을 발굴하는 주체들을 보면 대개 정부나 국회, 정당, 대학, 연구소 같은 곳들입니다. 지금까지 있었던 전 국가적인 정책 중에 지방정부가 제안해서 되는 것이 그렇게 자주 있는 사례는 아니거든요. 코로나19 상황에서 지방정부의 역할이 우리가 알게 모르게 굉장히 커진 겁니다. 지금 우리가 자연스럽게 받아들이는 것이 몇 년 전에 생각해보면 매우 이상한 일이에요. 비상한 상황에서 비상하게 대처하다 보니까 자연스럽고 익숙해진 겁니다.

지금도 포스트 코로나 시대 사회안전망 강화를 어떻게 할 것인가, 기본소득이냐 고용보험 확대냐 등 여러 가지 방안이 나오고 있습니다만 주로 그 논의를 지방정부들에서 주도하고 있습니다. 이것도 굉장히 특이한 일이죠. 결과적으로 보면 왜 이렇게 됐는가 생각해보니 코로나19 상황이 대단히 비상 상황이었기 때문에 지방정부가 두 가지를 다 할 수 있었어요. 연구소 같은 곳은 보통 정책을 제안할 수 있지만 직접 실행할 수는 없습니다. 정부 부처도 마찬가지로 정책을 실행하기가 상당히 어렵죠. 직접적인 집행부서가 아니기 때문에 결국 지방정부로 넘어 와야 집행이 됩니다. 그런데 지방정부에서는 정책 아이디어를 가지면 바로 실행을 할 수가 있습니다. 두 가지 역할을 다 할 수가 있는 거죠. 요즘 많이 이야기되는 '소셜 리빙랩' 역할을 한다고 볼 수 있습니다. 어떤 아이디어를 가지고 전국적으로 하기 전에 지방에서 미리 실험을 해볼 수가 있는 겁니다. 그리고 그 안에서 현지 상황에 맞는 다양한 방식들을 실험해 볼 수 있고요.

또 한편으로 생각해보면 지방자치라는 것이 제도만 있었을 때 바로 이렇게 됐겠는가? 우리가 자치분권을 거의 한 세대 가까이 해왔기 때문에 그 역량이 축적된 것이라고 볼 수 있습니다. 그런 의미에서 보면 코로나19 상황에서 대단히 예외적으로 지방정부들의 역할과 역량이 돋보이게 된 원인을 네 가지 정도로 분류해볼 수 있을 것 같습니다.

첫 번째는 지방정부의 정치적 리더십이라고 하는 것이 대단히 큰 역할을 했다고 생각합니다. 지방자치 초기와 비교하면 지금 상황이 많이 달라졌습니다. 시민사회나 기초의회, 지방정부, 국회, 청와대 등 사회 각 분야에서 상당한 경험과 역량을 쌓은 분들이 단체장으로 선출되었죠. 한때는 국회의원들이 굉장히 전문적 역량을 갖춘 분들이었습니다만 지금 제가 보기에는 기초, 광역 포함해서 어디랄 곳 없이 단체장들의 역량이 더 뛰어난 것 같습니다. 이는 정치적 리더십이 질적으로 많이 향상 됐다는 것이고 그것을 이번에 우리가 본 것 같습니다.

또 하나는 오랜 시간 축적된 자치분권의 역량이 분명히 있다는 겁니다. 그래서 기본적으로 자치단체가 자율적으로 행정을 해야겠다는 의지들이 상당히 강하고요. 앞에서 구리, 수원의 여러 가지 사례들을 충분히 말씀해주셨는데 예를 들어 경남도 등의 광역단체 같은 경우에는 재난 관리 기금을 광역단체 차원에서 써 봐야겠다는 생각을 하게 된 거예요. 과거에는 그런 생각을 못 했습니다. 기존에 '도지사가 재난 안전사고 긴급 대응을 위하여 필요하다고 인정하는 사항'이라는 근거 조항은 있지만 막상 공무원들한테 물어보니까 그렇게 되어 있긴 하지만 결국은 '위에 다 물어보고 써야 됩니다'라고 이야기하는 거죠. 하지만 근거 조항이 없는 것이 아니니 한번 써보자고 이야기를 해서 시도해본 결과, 하려고 하면 가능하다는 것을 체감한 것입니다. 즉, '해도 될까?'가 아니라 '해봐야지'라는 리더십의 변화가 분명히 있었던 것 같습니다.

다른 한편으로는 공무원들도 변했다는 것입니다. 특히 코로나 과정에서 변화를 체감했는데 제가 1월에 도청에 갔을 때와 5월에 도청에 갔을 때 공무원들이 사용하는 언어가 좀 바뀌었다는 느낌을 받았습니다. 그 전까지는 무엇 무엇을 검토해 보시라고 하면 무엇 무엇 때문에 어렵다는 말을 많이 했는데, 지금은 무엇 무엇, 이것을 바꾸면 될 것 같다고 하는 이야기로 많이 바뀌었더군요. 분명히 정치적인 리더십이 축적도 됐고 인적 역량도 강화되었고 코로나19 사태에서 조직문화로 확산이 되었고 그런 부분들이 충분히 있었다는 것입니다. 이러한 흐름이 지속가능할 것인가가 앞으로의 변수가 되지 않을까 싶어요. 코로나19에서 이렇게 지방자치단체들의 강력한 리더십과 공무원들의 자율성과 주체의식 등을 어떻게 하면 뿌리 내리게 할 수 있을까에 대한 고민이 중요한 것 같고요. 또 하나는 지방정부에게 더 많은 권한들을 어떻게 보장해줄 것인가 하는 문제를 제도적으로 구축해야 한다는 생각이 듭니다.

두 번째 원인은 지방정부가 빨랐기 때문이라는 생각이 듭니다. 제가 어떤 언론 인터뷰에서 했던 말인데, 전방 전투부대가 우리가 다 죽게 생겼다고 말했더니 본부에서 그러니까 전사자 수가 얼마인지 몇 명 죽었는지 알려줘야 증원 부대를 보내주겠다고 하는 상황과 같습니다. 3월에 우리가 재난지원금부터 해서 여러 가지 제도들을 선제적으로 시도해야 한다고 말하고 하겠다고 했는데 보통 실업률 통계가 그 다음 달에 나오지 않습니까? 3월 실업 통계는 4월 10일 경에 나옵니다. 그런데 3월에 이미 상황은 벌어지고 있어요. 3월 중순에 우리가 뭘 하겠다고 하면 중앙 정부에서는 데이터가 있어야 할 수 있다는 거죠. 지방정부 입장에서는 데이터를 따질 시간이 없이 바로 눈앞에 사람이 보이기 때문에 빨리 안 할 수가 없는 겁니다. 3월 중순 후반부에 단체장들 인터뷰한 것을 쭉 봤더니 제일 많이 나오는 말이 '현장에 좀 와보라고 하고 싶다'는 겁니다. 실제로 중대본 회의에서도 좀 와서 보시라는 이야기가 정말 많이 나왔습니다.

상황실에서 파악하는 정보보다 현장의 정보가 당연히 빠르고 비교적 정확합니다. 보통 이런 경우에 이렇게 한다는 매뉴얼이 없는 상황에서는 빨리빨리 현장에 물어봐야 합니다. 상황실에 앉아 있으면 알 수 없어요. 현장의 정보성, 그 다음에 현장 책임자의 권한을 분명히 강화시켜줘야 한다는 것, 중앙정부가 뒤에서 책임감 있게 뒷받침 해줘야 한다는 식의 역할 분담이 있었는데 이번에 지방정부들의 대응을 보면 그런 역할 분담이 비교적 잘 되었습니다. 지방정부와 협조가 잘된 원인 중 하나가 협치라고 생각하는데 두 가지 종류의 협치가 잘 작동했던 것 같습니다. 하나는 중앙과 지방의 협치, 다른 하나는 지방에서의 민관 협치입니다. 가장 핵심적인 부분 중 하나는 중대본 회의가 매일 열렸다는 겁니다. 장관, 차관급 참석자들과 광역자치단체장들이 모두 참여하는 회의가 거의 매일 열렸어요. 지금 100일 넘게 지속되고 있는데 처음에는 코로나 확산 방지를 위해 시작한 회의가 3월 중순쯤 되니까 경제 대응 방향에 대해서 논쟁하기 시작하고 4월이 되면 거의 모든 분야에 걸쳐 국정을 함께 논의하고 있습니다. 사실상 자치단체장들이 포함된 확대 국무회의가 거의 매일 열린 셈입니다. 그러다 보니까 어떤 건의 사항들이 있으면 바로 바로 단체장들이 건의를 하고, 국무총리가 'OO부 장관이 답변하세요. 오늘 안에 답을 주세요'라고 얘기를 합니다. 그렇게 하니까 나중에는 공무원들이 놀라기는 했어요. 보통 부처로 정책 건의를 하면 검토하는데 몇 달 기본적으로 걸릴 일이 그날 총리에게 건의하거나 장관에게 알아봐달라고 하면 거의 당일에, 시간이 좀 걸려도 2~3일 내에 답이 왔습니다. 빠른 속도로 행정이 가동 가능하다는 것을 경험해본 겁니다.

또 여러 중앙부처의 장관, 차관들이 있었는데 사실은 지방정부가 하는 이야기를 열심히 들을 수밖에 없었습니다. 실제로 어떤 일이 벌어지고 있는지에 대해서 많은 정보를 갖고 있지 못했기 때문입니다. 그래서 지방정부가 어떤 상황 때문에 무엇을 해달라고 요구하면 안 해줄 수 없었어요. 그리고 실제로 토론과 논쟁이 상당히 이루어졌습니다. 매일매일 이 회의를 한 시간 넘게 하다 보니까 나중에는 정말 토론을 하더군요. 이런 모습들이 상당히 흥미로웠습니다.

앞서 수원에서도 '굿모닝메디포럼' 같은 거버넌스를 가동하셨다고 했는데 경남도에서도 거점 병원들을 중심으로 감염내과 과장들이 저녁에 와서 함께 회의를 했고 그들에게 실질적으로 모든 것을 결정할 수 있는 권한을 주었습니다. 권한을 다 주어서 행정이 서포트하게 하는 겁니다. 그들이 결정하는 겁니다. 지방에서는. 그러니까 작은 민관 협치 질본들이 가동됐던 겁니다. 이렇게 하지 않았으면 대응할 수가 없었습니다. 그리고 실제로 질본에서는 전문가에게 권한을 충분히 주느냐 하는 것이 계속 논쟁이었지 않습니까? 지방에서는 그냥 다 주었습니다. 감염내과 과장들이 결정하는 겁니다. 도지사가 방역에 대해서 뭘 압니까? 그들이 결정하면 서포트하는 겁니다. 생활 방역 시설이 필요하다고 하면 어떻게 해서든 만들어내는 그런 일들이 실제로 벌어졌죠. 이 회의체에서 거의 모든 결정을 했습니다. 그래서 빠르게 조치들이 이루어졌죠. 이와 같은 민관 협치가 굉장히 잘 가동된 것이 중요한 성공 요인이라고 확신합니다. 코로나 이후에 이런 것들을 계속해서 시스템화하는 것이 중요한 것 같습니다. 지금 질본 조직이 변화될 때 맞춰서 지방이 어떻게 같이 대응하는가 하는 부분이 중요하다고 생각합니다.

마지막 원인은 지방연구원의 역할입니다. 국책연구기관들이 굉장히 많이 있는데 대부분 전문 분야에 특화되어 있습니다. 따라서 어떤 문제가 발생했을 때 종합적인 대책을 논의하기는 어려운 것이 사실입니다. 이런 부분에서 지방연구원들이 이번에 굉장히 많은 역할을 했다고 봅니다. 지방연구원은 정치, 경제, 행정, 복지, 안전, 환경 등 전 분야를 망라하고 있습니다. 이번에 여러 곳에서 정치와 행정과 지방 싱크탱크들이 굉장히 결합을 잘했습니다. 예를 들면 재난지원금 같은 경우 서울복지재단이나 서울연구원이 설계를 매우 잘 했고 경기연구원은 제 기억으로 3월 첫 주에 벌써 코로나 관련 백서가 나왔습니다. 저희 경남도 역시 재난지원금 설계 등 여러 가지를 경남연구원에서 많이 했고요. 연구원 전체가 여기에 매달렸어요. 기존 연구들을 거의 중단하고 여기에 다 매달렸는데, 저희가 나중에 두 달 정도 해서 정책 제안한 걸 보니까 한 80개 정도 냈고 나중에 한 40개 정도는 실제로 실행이 되었습니다. 보고하고 하루 이틀 만에 검토해서 실행하기로 하면 실행하는 거고 실행해서 실제로 결과가 나타나는 데 일주일이 걸리지 않았습니다.

'코로나 맵'을 만들 때도 국토정보공사와 협업을 했는데 사장에게 보고하는 데 하루, 하기로 결정하는 데 3일, 실제로 구축하는 데 1주일 정도 걸렸습니다. 정치와 행정의 역량도 물론 있겠지만 정책 역량을 가진 싱크탱크가 결합했을 때 상당히 많은 시너지 효과가 나타난다는 것을 이번에 또 경험했습니다. 이런 것들이 종합적으로 잘 작동해서 지방정부들이 코로나 대응을 잘했던 것 아닌가 하는 생각이 듭니다.

마지막으로 포스트 코로나에 대한 대응도 그 연장 선상에서 진행 중입니다. 사실 코로나 위기는 국내적인 것도 아니고 지역적인 것도 아니고 문제의 원인은 굉장히 글로벌한 수준에 있습니다. 특히 경제에 미치는 영향 같은 것들이 그렇습니다. 하지만 눈앞에서 사람들이 어려워지는 공간은 지방이죠. 중앙정부에서 느끼는 것과 지방정부에서 느끼는 것이 굉장히 다르다는 것을 이번에 코로나 때 느꼈는데요. 저희는 한 스무 명 정도의 전문가들과 포스트 코로나 워킹그룹을 5월 말부터 운영하고 있습니다. 여기 보니까 중앙과 지방 모두 들어와야겠다는 생각으로 중앙의 전문가, 지방의 전문가들이 결합하고 한두 가지 분야만으로 대응할 수 없다는 사실을 깨달았기 때문에 전 분야가 동시에 들어와서 같이 회의할 수 있도록 했습니다.

또 하나가 글로벌의 수준에서 그린뉴딜 등의 이야기입니다. 과거 같으면 사실 저 정도의 얘기는 단체장이나 고위 공무원 정도만 알고 있으면 돼요. 나머지 공무원들은 시키는 것 하면 되는 수준이었습니다. 그런데 지금 코로나19 사태가 되니까 그렇지 않더라고요. 모든 공무원이 와서 저 강의를 들어야 합니다. 그래야 그린뉴딜을 왜 해야 되는지 이해하고 거기서 정책이 나와요. 그리고 왜 이것을 행정이 실행하는지 이해를 합니다. 그러니까 실제로 일이 돌아가는 거죠. 지금 수준에서 보면 실제 현실과 거시 이론이 아주 맞닿아 있어요. 이런 적이 거의 없었던 것 같습니다. 이것 역시 코로나19가 만들어낸 상황입니다. 이런 것들이 포스트 코로나 시대에 지방정부가 동시에 해나가야 될 과제가 아닌가 생각합니다.

그리고 이 기회를 굉장히 잘 활용해야 한다고 생각합니다. 지방이 어떤 정책을 제안하고 그것을 실제로 실행하는 것을 사람들이 매우 자연스럽게 받아들이고 있고 큰 주목을 받고 있습니다. 이 기회를 잘 활용해서 그런 것들을 점점 더 제도적으로 잘 해나가야 됩니다. 또 하나는 행정 혁신을 가속화시키는 타이밍이 아닌가 생각이 되고요. 지방자치단체들이 가능하면 싱크탱크들을 다 갖고 많은 투자를 해야 된다고 생각합니다. 지방정부들이 자체적인 정책 역량을 가져야 하는 시점이고 상당히 전문적인 수준에서 가지고 있어야 합니다. 그래서 더 많은 투자가 필요합니다. 마지막으로 가장 중요한 것은 지방자치법 개정 등을 통해서 정책을 실현시킬 수 있는 권한들을 지방자치단체들이 가지는 것입니다. 앞서 염태영 시장님께서 말씀하신 것처럼 코로나 상황을 지나며 왜 우리가 지방자치법을 개정해야 되는지에 대해 작년에는 없던 논리가 새로 생겼습니다. 그래서 여러 입법 과제들이 21대 국회에서 빠른 시일 내에 통과되도록 하는 것이 필요합니다.

문석진 : 정건화 교수님, 이관후 연구위원님께서 광역·기초 지방정부들이 실제로 어떻게 대응해 왔는가, 현장의 생생한 이야기들을 전체적으로 잘 정리해서 종합적으로 발제해주셨습니다. 특별히 오늘 두 단체장님들께서 지역사회에서 어떤

실제 사례를 중심으로 해서 코로나19에 대응해왔는지 말씀해 주셨고, 사회적 전환의 시대에 우리가 가져야 될 생각들을 큰 담론으로 정건화 교수님이 말씀해주시고 경남연구원과 지방정부, 중앙정부 모든 것을 망라해서 어떻게 우리가 대처해왔는지 현장 사례들과 경남연구원의 사례로 말씀해주셨습니다. 이제부터는 자유롭게 코로나19 이후 지방정부의 미래 혹은 코로나19 이후를 어떻게 대비할 것인가에 대해서 말씀해 주시고 또 거기에 대해서 찬성하시거나 반대하셔도 관계없습니다. 토론까지 이어지는 것도 기대하겠습니다.

  유창복 : 현장 이야기도 매우 흥미롭고, 수원에서처럼 기후위기를 그린뉴딜로 연결하는 방향도 아주 적절한 것 같습니다. 결국 대안은 지역사회 차원에서 경제의 패러다임이 완전히 바뀔 때 문제가 해결된다는 비전도 아주 힘 있는 것 같습니다. 이는 광역과 기초지자체가 서로 협업하면서 돌파해야 할 지점이기도 합니다. 경상남도가 재난기본소득 같은 여러 국가적 어젠다를 잘 풀어낸 그런 경험도 있어서 인상적이었습니다.
  최근 '언택트' 이야기를 많이 합니다. 언택트, 비대면이 강조되는 이유는 원거리 이동이 위험하고, 여러 사람이 함께 모이는 것이 위험하고, 또 익명으로 모이기 때문에 이후 수습이 어렵기 때문이라고 봅니다. 하지만 비대면으로 얼마나 살 수

있는가? 비대면 생활방식은 없는 사람이 훨씬 힘듭니다. 결국은 안전하게 함께 사는 것이 목적인데, 이를 위해서는 정반대의 방법으로 해야 합니다. 근거리 이동을 하고, 분산하고, 신뢰할 수 있는 관계 속에서 함께 살아가야 한다는 것입니다. 이 세 가지가 이루어지는 것은 결국 동네, 마을, 로컬입니다. 즉 언택트가 아니라 '로컬택트'로 함께 살아갈 수밖에 없습니다. 로컬택트로 살아갈 수 있으려면 로컬의 회복력, 회복력이라는 것은 통상 위기나 재난이 와도 그럭저럭 살아낼 수 있는 상태를 의미하는 것 같은데, 이 회복력을 축적해가는 것이 과제입니다.

그러나 조금 염려되는 바도 있습니다. 재난 상황에서는 국가의 조직된 힘이 영향력을 발휘하고 효율적이기 때문에 이게 지속되면 국가주의적인 것이 강조되면서 지방정부가 조금 위축되는 경향, 시민 참여가 위축되는 경향 등을 염려하는 분들도 계시는 것 같습니다. 그렇기 때문에 더더욱 지방정부가 재난 시대에 이니셔티브와 혁신을 가지고 지역사회의 문제를 직접 해결해내는 능력을 발휘할 때가 아닌가 싶습니다.

지금까지 근거와 방향을 얘기해주셨는데 저는 몇 가지 예시로 지역사회에서 새로운 미래를 읽어갈 수 있는 전환의 내용을 제안해보겠습니다. 첫 번째는 폐기물입니다. 우리가 동네에서 논의하다 보면 쓰레기, 주차 문제가 항상 1순위로 나옵니다. 분리수거 할 수 있는 시스템이 없으면 분리 배출은 아무 소용이 없습니다. 분리수거 시스템을 동네 단위로 만들어야 시민 접근성이 높습니다. 그래야 재생도 가능해집니다. 읍·면·동 단위로 두세 개 정도의 작은 재처리 시스템을 만들면 어떨까 생각이 들고요.

두 번째는 근린공원이 중요하다고 봅니다. 비대면 시대에 집안에만 갇혀 있을 수 없기 때문에 야외에서 안전한 거리를 두고 만나기 위해서는 근린공원이 대단히 중요한 인프라가 될 것이라 봅니다. 요즘은 도시농업이 '먹거리 숲'이라고 해서 숲과 텃밭이 공존하는 형태가 추세라고 합니다. 동네 곳곳에 방치되어 있는 놀이터를 생태적인 놀이터로 전환한다든지 근린공원을 재난 시대에 근린사회의 중요한 생태적 인프라로 사수해야 되고, 재정을 국가가 적극적으로 지원해야 됩니다.

다음으로 주거 문제입니다. 특히 지은 지 30년 된 주택들이 많습니다. 단열문제가 심각합니다. 주거복지도 심각하지만 에너지 절약형으로 단열 리모델링을 하는 그린 리모델링이 중요한데 이것이 중요한 이유는 일자리가 생긴다는 겁니다. 대기업이 접근하기 어려운 집수리 업무이기 때문에 지역의 철물점이나 지역의 소규모 설비업자들도 지역사회에서 소득을 올릴 수 있는 지역경제의 중요한 계기가 될 수 있습니다.

네 번째는 많이 강조해주셨지만 코로나가 더 지속되고 더 센 놈이 온다고 합니다. 지금 의료진은 거의 번아웃 상태라고 하는데요, 또 병상을 늘리는 문제 등 여러 가지 과제가 많은데 한 군데 모아 둘 수는 없으니 분산형으로 병상과 의료시스템을 공공의 방식으로 구축해내는 것, 근데 이것만으로 한계가 있습니다. 따라서 동네에서 마을 단위로 돌봄을 챙길 수 있는 마을돌봄망으로까지 확장되지 않으면 의료시스템의 붕괴를 막기 어렵지 않겠는가. 특히 폭염이나 코로나 같은 재난 상황에서는 기저질환자, 노인이 가장 취약한 집단입니다. 이분들을 지역사회에서 돌보는 시스템을 갖는 것이 대단히 중요합니다.

그 밖에도 정건화 교수님이 많이 지적해주셨는데 식량 위기가 닥칠지도 모른다는 것을 거의 기정사실로 아는 과학자들도 많습니다. 지역사회에서 안전한 먹거리, 채식과 급식 시스템을 상생해가는 기반에서 어떻게 동네 단위로 구축할 것인가의 과제도 있습니다.

또, 흔히 선생님이 미칠만하면 방학하고 엄마들이 미칠만하면 개학을 한다는 우스갯소리가 있는 것처럼 역할 분담으로 아이들을 챙겼었는데 그 시스템이 무너졌습니다. 이제는 학교에 모아놓는 것도 위험하고 집안에 아이들을 가둬둘 수도 없습니다. 결국은 지역사회에서 아이들을 풀어놓고 챙겨야 되는 상황이 올 겁니다. 어떻게 보면 진정한 의미의 마을 교육이 이루어져야 하는 시기가 아닌가 생각이 들고요.

그 다음에 교통 문제도 우선은 보행 친화적인 도시로 전환하는 커다란 전환이 있어야 됩니다. 내연기관 자동차 없애고 전기자동차로 전환하도록 하는 것. 또 대중교통이 쾌적해야 됩니다. 그래서 스마트 교통 등 첨단 시스템을 통해서 구축 가능하다고 합니다.

끝으로 에너지를 분산 생산하고 분산 소비하는 시스템 등 이 밖에도 여러 의제들이 있습니다만 지역순환경제라는 틀 속에서 우리가 지역에서 할 수 있는 정책들이 이런 정도가 아니겠는가 생각합니다. 이것들은 모두 탄소배출을 줄이는 역할을 해야하고 안전망의 역할을 해야합니다. 가장 안전한 안전망은 일자리를 창출하는 방식으로 진행되어야 합니다.

저는 이 여덟 가지 모두 동네에서, 지역사회에서 일자리나 일거리를 창출하는 정책들입니다. 따라서 그린뉴딜의 실천전략은 로컬뉴딜이어야 한다, 지방정부가 주도하고 주민이 함께하는 로컬에서 이러한 정책들을 힘 있게 해나가면 아마 그린뉴딜에 적합하고 기후위기 시대에도 견뎌낼 수 있는 힘이 지역사회에 생기지 않을까 생각합니다. 그런 의미에서 앞으로 정책의 중심은 읍·면·동이고 읍·면·동을 지원하는 시·군·구가 대단히 중요한 정책의 중심이 되어야 한다고 봅니다. 이를 정확하게 비전으로 삼아 자원을 잘 배분하는 광역과 중앙정부가 역할 분담이 될 때 제대로 된 효과가 나지 않을까요.

문석진 : 대체로 전환, 경제 관련 내용이 많았고 평소에 가졌던 내용대로 로컬에서 주로 답을 많이 제시해주셨습니다.

정건화 : 전환에서 제일 강조하고 싶은 것이 통합적 접근입니다. 통합이라는 것이 사실은 행정의 입장에서 익숙하지 않은 방식인데 위기나 비상상황에서 그런 실험들이 이루어졌습니다. 통합적 접근의 핵심이 문제의식과 가치, 철학과 정책까지가 모두 연결되는 것이고, 지역 거버넌스를 통한 협력과 학습의 경험에서 적극적으로 고려되어야 될 부분도 그것이 아닌가 생각합니다.

예를 들어 기후위기에 대한 대응으로 지역에서의 회복력과 자급도를 높이는 정책이 필요하고, 고용 없는 성장이라는 상황에서는 지역에서 일자리가 만들어지는 정책이 중요하며, 고령화 상황에서 바람직한 대안은 시설 수용이 아닌 커뮤니티 케어(Community Care)라는 정책입니다. 이런 것들을 한꺼번에 푸는 의미에서 통합적으로 어떤 새로운 시스템을 만드는 실험들이 필요하고 실험을 하려면 상상력이 필요한데, 혁신적 단체장의 시대에서 단체장들께서 상상력을 가지고 대안을 적극적으로 실험하려는 노력, 시도들을 해보셨으면 좋겠습니다.

그 성과들이 생활정치 영역에서 분명히 잘 나타날 것이고 그 핵심에 협치, 사회적경제, 로컬의 회복력 등이 있습니다. 여기서 가장 관건이자 과제는 단체장들이 혼자 다 할 수 없는 것이라면 어떻게 지역사회, 시민사회가 받아서 시장이든 기업이든 하게 할 것인가이고 그것이 혁신적 단체장의 출구전략이라고도 생각합니다. 그렇지 않으면 지금까지의 성과들이 소실될 가능성이 큽니다.

로컬에서 CRC(Community Regeneration Corporation, 도시재생기업), 지역 자산화 전략 등 많은 이야기를 했는데 빠진 부분이 지역 금융입니다. 금융은 어려운 과제이기는 합니다만 많은 단체장들께서 하신 성과를 경제와 연결시키는 것이 꼭 필요한 과제이고, 경제와 연결시킴으로써 공공이 민간, 시민사회와 연결되면서 민간이 그 역할을 떠안아서 가도록 해주는 것입니다. 경제라는 것은 사람과 돈이거든요. 그런데 우리나라는 금융 부문이 취약하기 때문에 별도의 과제이지만 적어도 지역의 성찰적 시민과 주민으로 등장한 시민들이 어떻게 이후에도 지속하도록 할 것인가에 길을 열어주어야 합니다. 그리고 단체장들께서는 그 동안의 다양한 실험의 경험과 성과를 어떻게 확장된 스케일에서 우리 사회의 미래 의제로 제시할 것인가, 길을 찾아나서야 합니다. 코로나 감염병 상황에서 확인된 성과들이 분명히 있기 때문에 로컬 경제의 강화가 우리사회 경제의 대안적 발전방향을 모색하는 데 중요한 가치가 되어야 함을 강조하고 싶고, 궁극적으로는 순환경제라는 의제와 키워드들을 적극적으로 고민해주시면 좋겠습니다.

문석진 : 코로나19가 지방정부의 대응력을 돋보이게 한 것은 틀림없는 것 같습니다. 실험의 상상력을 이야기하셨는데 저는 행정의 상상력이라고 말을 조금 바꿀 수 있겠다고 생각합니다. 이를테면 모든 지방정부가 현장에서 고민을 했어요. 마스크가 부족하니까 천 마스크를 만들겠다, 그래서 봉제하는 가내수공업 쪽에 일자리, 일감을 주고 천 마스크를 만들어서 공무원들이 솔선수범해서 천 마스크를 쓰고요. 어느 도시는 마스크를 미리 구입했다가 나눠줬는데, 인근 도시가 곤욕을 치르니까 함께 모여서 대책을 찾았다고 했습니다.

이것은 비단 마스크 문제뿐만 아닙니다. 현장에서 문제를 보면 다양하게 보이거든요. 우리 서대문구청 같은 경우에는 학생들이 원격수업을 해야 하는데 그러면 학생들이 모든 소득계층과 관계없이 디지털 장치가 다 있는가? 그렇지 않다. 태블릿 PC나 노트북을 공급해줘야겠다. 서대문구청은 자체 예산을 가지고 선제적으로 하겠다, 그런데 우리만 하는 것보다 서울 내 25개 자치구가 같이 하자는 제안을 하기도 했습니다. 물론 처음에는 어떤 구청에서는 그건 교육청 일 아닌가 하는 반발도 있었지만 결정이 늦어졌을 때 선제적으로 치고 나갔습니다. 그랬더니 서울시, 교육청, 25개 자치구가 모여서 4:4:2로 비용을 매칭하는 방식으로 저소득층에 디지털 장치를 나눠주기로 합의가 됐습니다.

그 뒤로 소득과 관계없이 가정마다 자녀 수에 따라 디지털 장비를 나눠주고, 교사들에게까지 공급했습니다. 이 부분을 연구하다 보니 학교 전체에 무선인터넷망이 갖춰져 있지는 않다는 걸 발견하게 되었습니다. 교무실이나 방송실에만 있고 모든 교실에 되어 있지는 않았습니다. 그래서 모든 교실에 인터넷망을 깔아주는 것, 결국 이것이 정부 의제로 되어서 내년도부터 전국 모든 학교에 인터넷망을 다 설치하는 정책, 서울 전역 와이파이 존 등으로 계속 확산되고 있습니다.

저는 정책이 현장에 있는 기초 지방정부가 훨씬 더 예민하게 상상력을 발휘하고 있다고 생각합니다. 최근 뉴딜 관련 토론회에서 발표한 것이 하나 있습니다만 디지털 뉴딜만이 아니라 '휴먼뉴딜'을 강조하고 싶습니다. 각 학교 현장에 디지털에 익숙하지 않은 교사들이 태반이기 때문에 청년들을 디지털 교사로, 부담임 개념으로 고용해 생활임금을 받을 수 있도록 하면서 이 청년들이 나머지 시간에는 스타트업 등 자신이 하고자 하는 일을 할 수 있게 지원해주자, 하는 제안을 드렸습니다. 앞으로 저희는 휴먼뉴딜 부분에서 조금 더 정교하게 만들어 가볼 생각입니다. 이렇게 경험에서 나온 상상력이 작은 도시인 구리나, 큰 도시인 수원이나 할 거 없이 쌓여있을 거라고 생각합니다.

염태영 : 지금 계속 이야기 나왔듯이 지방정부가 왜 이슈를 선도하고 코로나 정국에 효과적인 대응을 했는가? 단순합니다. 중앙정부는 하나이고 광역은 17개, 기초는 226개입니다. 기초 지방정부들이 서로 경쟁하는 것을 광역이 따라오기 어렵고, 광역이 서로 경쟁하는 것을 중앙정부가 도저히 따라올 수가 없습니다. 특히나 중앙정부는 현장을 갖고 있지 않아요. 그래서 한 발 늦고, 뒷북을 칠 뿐만 아니라 정책의 효용성이 상당 부분 낮아집니다. 이것을 효과적으로 소통하는 구조를 만드는 것이 이후의 과제여서 지금 분권이라는 이야기를 계속하게 되는 것이거든요.

앞서 안승남 시장님이 좋은 사례들을 많이 말씀해주셨고 두 분의 발제자 분들이 말씀하신 생태전환에서 지방정부가 힘을 발휘하는 이유에 대해서 상당 부분 공감했으리라 생각합니다. 서대문구청장님 말씀하시는 많은 우수한 정책들은 밤이 새도록 이야기를 해도 끝이 없을 텐데 그런 것들이 코로나를 이기는 힘이 되고 그것이 협업 체계로서 상당부분 성과를 거둔 것을 중앙정부는 인정할 수밖에 없을 것이라고 생각합니다.

안승남 시장님이 발표하신 대중교통 내 사회적 거리두기를 위해서 노선버스 이외에 전세버스를 투입했다는 것, 상당히 신선하죠. 중앙정부 누구도 상상하지 못한 일입니다. 이것이 현장에서 나오는 창의성 있는 행정이라고 생각합니다. 사실은 그 많은 버스에서 누구 하나 확진되면 그것이야말로 큰일인데 이런 부분도 상당히 눈 여겨 볼만하다는 생각이 들었고요.

아까 블랙스완 이야기를 정건화 교수님이 하셨어요. 일어날 확률이 매우 적지만 엄청난 충격과 비용을 치르게 하는 사건이죠. 그런데 제가 10년 시장하는 동안 앞의 5년은 메르스가 가장 큰 사건이었어요. 당시에는 봄철에 행사를 잠깐 멈춘 것이 전부인데, 그후 최근 5년은 계절별로 제가 계획한 큰 행사를 절반도 못 치렀습니다.

태풍, 아프리카 돼지열병, 구제역, 지금 코로나까지 그야말로 감염병과 각종 사회적 재난이 계속 닥쳤습니다. 그런데 이러한 재난이 앞으로 더욱 빈번할 것으로 예상되기 때문에 근본적으로 현대 산업 문명에 대한 성찰을 통해서 생태 전환을 확실히 이루는 것이 분명히 필요하다는 것을 중앙정부가 깨달아야 합니다. 특히나 한국정부는 이른바 '기후악당'이라는 국제사회의 질타와 비난에 대해서 이제 비난을 피하기 급급한 게 아니라 근본적인 전환을 하지 않으면 안 된다는 생각을 늘 하거든요. 그런 측면에서 이번에 한국판 뉴딜로 그린뉴딜이 등장한 것이 반갑기도 하지만 한편으로는 굉장히 우려됩니다. 왜냐하면 이것이 생태 전환과 경제 전환의 패러다임을 바꾸지 않은 가운데 경제 대책 혹은 코로나 위기를 극복하기 위한 하나의 수단으로서 던져지는 한 앞서 정건화 교수님이 지적한 문제를 그대로 답습할 가능성이 크기 때문에 굉장히 우려된다는 겁니다. 이를테면 사람에 투자하는 뉴딜이 아니라, 기후위기를 해결하려는 야심찬 전환이 아니라, 그저 당면한 경제 위기를 극복하기 위한 하나의 수단으로 던져졌을 때 이것은 또 다른 4대강 사업으로 이해되거나 그런 함정에 빠질 우려가 아주 크다는 것을 분명히 지적해야 됩니다.

또 이관후 박사님이 말씀하신 것 중 기본소득과 재난지원금에 대한 것이 실제로는 지금 기본소득이라는 용어에 부합하는 정책은 아닌데 이미 용어가 그렇게 굳어졌어요. 그리고 이것을 극복하기 위해서 여러 가지 논쟁이 있지만 이것이 코로나 정국 때문에 용인되는 것이라면 지금부터는 본격적인 우리 사회 복지 패러다임에 대한, 실제적으로 위기 시에 경제 대책으로서, 또 복지국가를 지향하는 과정 속에 우리가 분명히 짚고 넘어가야 할, 그래서 이번에 한 번 제대로 이런 것을 우리 사회의 화두로 던져서 본격적으로 논의를 해야 할 때가 아닌가 싶습니다.

안승남 : 사실 우리나라의 가장 갑갑한 일 중 하나가 인구 절벽입니다. 인구가 줄고 얼마 후에는 없어지는 기초지자체가 생길 수 있다고 하는데 저는 인구 절벽을 해결할 수 있는 방법은 적극적인 이민정책을 쓰는 것이라고 봅니다. 지금도 많은 이주민 분들이 계신데, 절차와 과정을 제대로 만들어서 다른 나라의 능력 있는 분들이 한국에 와서 역할을 펼칠 수 있도록 이민정책을 적극 수용해서 인구절벽을 해소해야 한다는 것을 이번 코로나에서 배웠습니다. 전에 이민 떠났던 분들이 지금 많이 들어왔어요. 이외에도 한국에 오고 싶은 분들이 전 세계에 있을 것이라는 가정 하에서 인구절벽 문제는 그렇게 해결해야 한다고 생각합니다.

또 한 가지, 청와대가 그 자리에 있으면 드론 물류가 뜰 수가 없습니다. 구리시가 푸드 테크, 푸드 팜 등 혁신 물류의 길로 가면서 앞으로 길이 확 열릴 것이 드론인데 청와대가 있는 한 드론을 띄울 수가 없어요. 그래서 우리 서울시 25개 자치구와 경기북부의 지방정부들이 청와대가 제발 좋은 데로 이사 가도록 정책을 펼쳐야 된다는 제안을 합니다.

또한 우리가 이런 변화의 상황에서 좀 더 기초 지방정부들의 활발한 활동을 광역이나 중앙이 서포트하는 구조로 바꾸어야 합니다. 현장의 많은 이해와 요구를 그들은 규제와 통제로 챙겨가려고 하거든요. 뭐가 필요한지 현장이 정확하게 아는데 현장은 권한이 없고 중앙정부에서 그때그때 대통령 선거 치를 때마다 신도시 만들고 하니까 교통문제도 커지는 것이고 여러 문제가 생겨요. 즉 이런 계기를 통해서 중앙정부가 과감 하게 지방정부로 권한을 이양해서 환경을 만든다면 어려운 위 기를 극복할 것 같습니다.

이관후 : 시장님께서 기본소득에 대해서 이야기해주셨는 데 사실은 그렇습니다. 재난지원금을 고민하게 됐던 근본적인 원인 중 하나가 처음에는 필요한 곳을 콕 집어서 지원하고 싶 었는데 불가능하다는 사실을 깨달았습니다. 우리나라는 보편 복지를 해본 적이 없어요. 데이터를 가지고 있지 않습니다. 기 초수급대상자, 차상위 계층 정도까지는 데이터를 가지고 있지 만 그 이상에 대해서는 보편 복지를 해본 적이 없기 때문에 소득파악도 안됩니다. 그러니까 핀셋 지원을 할 수가 없어요.

그래서 당시에 카드사를 통해서 신용카드 매출 데이터를 가지고 간접적으로 확인해서(화성시 같은 경우에도 그걸 바탕으 로 소상공인 지원 대책을 했어요.) 할 수밖에 없는 것이 현실입니 다, 그러니까 우리는 근본적으로 국가의 기본적인 데이터를 가 지고 있지 않다, 복지에 필요한 기본 시스템이 안 갖춰져 있다, 복지의 사각지대가 너무 많다, 구멍이 숭숭 뚫려 있는 것이죠. 이 사실을 이번 코로나 때 정말 절실히 깨달았습니다.

재난지원금 같은 경우에는 어떻게든 이 국면을 넘어가야 하니까 급하게 임기응변으로 설계했던 측면이 있는데 이후에는 구멍이 숭숭 뚫린 복지 시스템을 어떻게 재정비할 것인가 하는 것이 국가적인 목표가 될 수밖에 없습니다. 지금 그것을 위해서 치열한 논의가 필요하고, 그래서 기본소득, 실업부조, 고용보험 등의 이야기가 나오고는 있습니다만 그것들에 더해서 기본 데이터 축적의 문제도 개선되어야 합니다. 소득 등 기본적인 데이터들을 가지고 있지 않으니까 지방에서 무엇을 하기에도 상당히 어려운 측면이 있습니다. 그리고 사실 그와 같은 데이터를 중앙이 다 갖고 있습니다. 이번에 경남도에서 재원이 부족해서 하위 50%만 경남형으로 지급했는데, 건강보험공단 자료 협조로 데이터를 확인하는데 행안부에 가서 개인정보보호위원회를 여는 절차를 거쳐서 했습니다. 왜 이것을 지방정부에서 접근할 수 없도록 만들어 놨는지 이해하기 어렵더라고요. 국가 전체적으로 지금 플랫폼노동, 특수고용직이 점점 더 늘어나고 있는 상황이기 때문에 전반적으로 국가 시스템의 정비가 필요하다는 것을 큰 교훈으로 생각하고 계속해야 할 것 같습니다.

다른 하나 말씀드리면 그린뉴딜과 관련해서 정건화 교수님 말씀처럼 환경 규제가 굉장히 강화되고 있어요. 친환경 제품을 생산하는 과정 자체가 친환경적이어야 한다는 겁니다. 예를 들면 전기차 배터리를 생산할 때 RE100이라고 해서 생산 과정 자체가 재생 에너지, 친환경 에너지를 사용해야 하는 것이죠. 경남 같은 경우 국내 제조업의 30% 이상을 차지하고 있는데 산업단지를 지금 '그린 산단'으로 재구조화하지 않으면 수습 불가능한 상황에 바로 직면합니다. 계획을 당장 수립하지 않으면 안 되는 상황이 있고요.

마지막 부분은 우리가 기후위기 대응에 있어 수도권이라는 문제를 어떻게 할 것인가. 과연 수도권이 지금 지속가능한가 하는 고민을 해볼 필요가 있을 것 같고요. 그런 의미에서 보면 균형 발전, 기후위기 대응력, 하나의 중요한 수단이자 목표이자 과정으로서 균형 발전이라는 것을 우리가 어떻게 생각해볼 것인가. 기존에는 지방이 같이 잘 살게 하는 것이라고 하는 것이 균형 발전의 목표였다면 지금은 기후위기 대응에 있어서 수도권을 계속 내버려둘 수 있을 것인가라는 또 다른 문제에 직면해 있다고 생각합니다. 그래서 균형 발전의 패러다임을 전환시켜야 하는 상황이 아닌가. 그린뉴딜에서 지역균형발전이 빠져있다는 것도 아쉬운 일이기는 합니다.

염태영 : 청와대 이전 이야기도 나왔고 균형 발전 이야기도 나왔는데 지금 우리 경제의 정책, 국토 정책 중 잘못된 것으로 계속적으로 쏟아져 나오는 수도권 신도시 문제입니다. 신

도시 개발을 계속하는 한 수도권으로 인구가 점점 더 모일 수밖에 없고요. 수도권으로 계속 인구가 모이면 초저출산은 더 극복하기 어렵고요. 수도권으로 인구가 집중되면 인프라를 더 크게 요청하기 때문에 더욱 수도 서울을 정점으로 과밀화를 유도할 수밖에 없거든요. 근본적으로 패러다임 전환이 필요한 것이 포스트 코로나 시대의 가장 중요한 국토정책이자 주택정책이 될 수밖에 없다, 그런데 청와대와 국회를 옮기지 않으면 실제로 이 과밀을 계속적으로 더 초래할 수밖에 없는 것이라고 봅니다. 그래서 근본적으로 포스트 코로나 시대에는 국토정책까지 전부 다 뒤집어보는 뉴노멀의 새로운 전기가 이번에 마련되지 않으면 소 잃고도 외양간을 안 고치는 우를 범하게 될 것이라는 말씀을 드리고 싶습니다.

유창복 : 아무튼 코로나가 여러 가지로 공부하게 하는 것 같습니다. 과소평가된 지방정부 역할도 확실하게 이번에 드러나게 된 것 같습니다. 그리고 앞으로 우리 사회 정책은 중앙정부가 주도한다기보다는 지방정부들의 경쟁적 혁신이 확장되면서 사회 변화를 당기는 촉매의 역할을 할 것이라 생각됩니다. 저희 미래자치분권연구소는 이런 현장의 이야기들을 조금 더 미래 비전으로 다듬어내고 또 현장에서 직접 당장 실행할 수 있는 구체적인 정책으로 재구성하는 일에 앞으로 더욱 더 노

력을 기울이도록 하겠습니다.

문석진 : 감사합니다. 이상으로 토론을 마치겠습니다.

3부

로컬뉴딜 Local New Deal
: 주민자치와 지역순환경제를 위하여

제1부에서 맥락적 검토를 했다면, 2부에서는 현장의 생생한 이야기를 들어보았다. 3부에서는 '로컬뉴딜'이라는 개념으로 이를 정리한다.

세상이 변하고, 사회가 변하는 그야말로 대변화의 시기에 '나는 무엇을 해야 하나'라는 질문이 자연스레 떠오른다. 지역에서 살고 있는 나는 구체적으로 무엇을 할 수 있을까? 1부에서 '뉴딜연합'이라는 개념을 제시한 바와 같이, 로컬뉴딜연합이 가능할지에 대해서도 적극적으로 살펴봐야 한다. 재난이 일상화되는 시기에 지방정부, 지역 시민사회, 지역 주민조직 등 여러 이해 당사자들이 어떻게 협력하고, 함께 문제를 풀어갈 수 있을까 하는 점이 핵심이다.

코로나19의 장기화로 지역사회가 많이 위축된 것은 사실이다. 더욱이 지난 10여 년 동안 지방정부의 혁신정책에 힘입어 지역사회가 활성화되다 보니, 지방정부가 코로나 방역 안전조치로 일반사업의 추진을 일체 중단하자, 덩달아 꼼짝 못 하는 상황이 되면서 활발하던 마을활동이 일시에 정지된 탓도 크다. 방역 상황이 호전되면 활동이 다시 회복되겠지만 호전은 커녕 오히려 장기화될 조짐인데, 그렇다고 정부의 안전조치에 손 놓고 멈춰있을 수만은 없다.

오히려 재난 상황이 지속되면 될수록, 지역사회에서 안전하게 주민들이 만나고 서로를 챙기고 돌보는 일에 더욱 적극적으로 나서야 한다. 재난 상황에서도 일상이 크게 흔들리지 않고 함께 살아내는 힘, 지역회복력

(Local Resilience)을 더욱 튼튼하게 확충해가야 한다. 그러기 위해서는 대대적인 지역 투자, 로컬뉴딜이 추진되어야 한다. 로컬택트를 위한 인프라가 구축되고, 로컬택트를 보장하는 다양한 인적 · 물적 지원과 촉진책이 투입되어야 한다. 지역사회의 주민들도 지난 10년의 성과를 딛고 한 단계 진화된 융합 실천을 통하여, 근린(읍면동)을 중심으로 하는 주민자치회와 지역순환경제를 구축해 가야 한다.

미래자치분권연구소장 유창복

01

K-방역과 시민의식

국제사회에서 'K-방역'이라 할 정도로 한국의 코로나19 방역에 대한 찬사가 이어지고 있다. 국가 방역 당국이 취한 초기의 선제적이고 적극적인 방역 체제 가동, 지방정부의 기동성 있고 촘촘한 지역사회 방역 관리, 시민의 자발적인 수용과 적극적인 참여, 이 세 박자가 잘 맞아 돌아간 덕분이다. 이른바 선진국이라는 미국, 유럽의 방역 실패를 보면서, '국가'와 '시민'의 협력의 중요성을 확인하게 되었으며, 무엇보다 이 협력을 가능하게 한 지방정부의 진가가 잘 드러났다.

국가의 일관된 방역정책

봉쇄 아닌 '완화' 정책

코로나19가 최초로 집단 발병하여 전 세계적인 확산의 출발점이 되었던 우한에서 중국은 군대를 동원한 철저한 '봉쇄' 전략을 취한 반면, 우리 정부는 '완화' 전략을 일관되게 추진했다. 스마트폰의 위치 추적 기능 등을 활용한 신속한 모니터링 시스템을 가동하여 코로나19 확진자와 접촉한 이들만 '핀셋 격리'하였고, 다수의 국민들은 최소한의 안전조치로 사회적 거리두기(social distancing)를 하면서 일상적인 사회경제 활동은 유지하도록 하였다.

병원체의 전염 파급력이 낮고 독성(치명률)이 높은 경우에는 초기 봉쇄전략이 적절하지만, 치명률은 낮고 파급력이 높은 경우에는 봉쇄가 현실적으로 불가능하며 실효적이지도 않아 통상 완화 전략을 사용한다. 코로나19는 후자의 특성을 갖는 바이러스인 데다가, 이미 지역사회 전파가 시작되거나 감염원이 불분명한 확진의 사례가 빈발하는 단계에 들어서게 되면 봉쇄 전략은 무용하다.

중국은 우한지역에서 사흘 만에 무려 병상 1천여 개 규모의 병원을 건설하고, 지역을 통째로 봉쇄·고립시켰다. 생산시설을 모두 폐쇄하였으며, 드론으로 주민들의 이동을 감시하였다. 정부 당국은 봉쇄 지역을 벗어나는 주민은 사형에 처하겠다고 공언하기도 했다. 마치 군사작전을 수행하는 방식으로 대응했다. 한편, 이탈리아는 확진자가 하루에만 1,500명을 넘어서고 누적 확진자가 9,000여 명을 넘어서자, 3월 8일 15개 지역을 레드존으로 지정하고 전체 인구의 4분의 1인에 해당하는 1,600만 명에 대해 이동 제한 명령을 내렸다. 다음날 주세페 콘테 총리는 "모든 국민은 집에 머물러 달라"고 당부하며 전국을 봉쇄하는 조치를 취했다.

반면 한국의 방역 당국은 중국 우한에서 코로나가 급격히 확산하던 연초, '우한 폐렴'이라고 부를 것을 고집하며 중국으로부터의 입국을 전면 금지하라는 야당의 공세에도 불구하고, 중국 입국자와 코로나 확산과는 인과관계가 없다고 반박하며 완화·추적 전략을 고수했다. 이미 지역사회 감염 단계에 들어선 상태에서는 봉쇄가 실효성이 없고, 무엇보다 글로벌한 네트워크 속에서 촘촘히 연결되어 돌아가는 사회경제 구조의 특성상 불가능하다는 판단을 한 것이다.

철저한 정보 공개와 추적 시스템의 우수성

정부의 추적 전략이 성공할 수 있었던 중요한 이유 중의 하나는 철저한 정보 공개였다. 매일 공중파로 방송되는 질병관리본부의 공개적인 브리핑은 '정은경'이라는 사람을 온 국민들에게 각인시켰다. 무엇보다 숨기지 않고 있는 그대로의 사실을 가감 없이 공개했으며, 낙관도 비관도 아닌 담담한 브리핑은 정부의 대국민 협조 요청에 대하여 국민들 모두가 공감을 하고 신뢰를 보내게 만들었다.

미국의 정치전문지 워싱턴 이그재미너는 "중앙·지방정부가 매일 브리핑을 열고 인터넷에 관련 정보를 게시하며 심지어 시민들에게 피해야 할 장소를 문자 메시지로 알린다"고 밝히며 "이렇게 명확하고 투명한 정보 전달은 코로나를 물리칠 수 있다는 믿음을 주며 가짜뉴스에 대응하는 데도 큰 도움을 준다."고 평가했다(중앙일보, 2020.03.12).

확진자가 확인되면 즉각 확진자와 접촉한 사람들에 대한

전수조사를 벌여 누구(어디)로부터 감염되었는지, 그리고 누구에게 전염시켰는지를 확인한다. 신용카드 결제 정보, 휴대전화 위치추적 기능, CCTV 등을 활용한 추적 시스템 덕분에 무척 신속하고 정확하게 시간대별로 확진자의 동선을 확인할 수 있었다. 확진자는 즉시 격리 조치 되었으며, 확진자가 방문한 시설은 즉각 폐쇄하고 방역소독을 실시하였다. 이렇듯 접촉자와 방문지를 모두 추적하여 검사하고 방역 조치를 취함으로써 확산을 조기에 차단하였다. 무엇보다 WHO가 인정한, 98%의 정확도를 가진 진단키트의 조기 현장 투입은 초기 방역에서 감염 확산을 차단하는 결정적인 공을 세웠다. 드라이브스루와 QR코드의 경우처럼 상황이 발생하면 지방정부들이 앞을 다투어 실용적인 아이디어를 내어 실시하면서 슬기로운 방역의 수단들을 개발하였다.

정부 신뢰와 시민의식

정부에 대한 신뢰와 자발적 참여

이처럼 정부는 일관된 정책을 견지하며 투명하게 정보를 공개하고, 신속하고 정확한 추적 시스템을 가동하여, 패닉 상태에 빠질 수도 있었던 상황에서 대다수의 국민들이 정부의 방역 대책에 수용적 태도를 갖게 만들었고, 불편을 감수하는 자발적 참여를 이끌어냈다.

방역 당국이 전면 봉쇄를 피하고 시민들에게 '사회적 거리 두기'를 요청했을 때, 국민들은 적극적으로 정부의 지침에 따랐다. 확진자 동선 공개에 대해서도 인권 침해의 소지가 있어서, 문제제기도 되었지만 큰 저항 없이 수용되었다. 마스크 착용과 손 씻기, 거리두기 등의 행동수칙을 전 국민이 솔선하여 실천하고, 대규모 행사를 취소하고, 예배는 온라인 예배로 대체하였다. 무엇보다 미국과 유럽에서 사재기가 공공연하게 벌어졌음에도 한국에서는 단 한 건도 일어나지 않았다.

시민의식과 사회적 결속

하지만 당시 항간에는 K-방역의 성공에는 국가에 대한 국민들의 적극적인 수용의 태도가 작용했고, 이는 동아시아의 전근대적인 전통에서 비롯된 것이라는 평론이 제기되었다. 자유주의의 전통에 기반한 서구 중심주의 관점에서 바라보는 일종의 오리엔탈리즘적인 시각으로 보였다. 프랑스 석학으로 알려진 소르망은 "유교문화가 선별적 격리 조치의 성공에 기여했다. 한국인들에게 개인은 집단 다음이다."라며, 한국이 방역에 성공한 이유가 정부의 말을 고분고분 잘 듣는 순응적인 국민성 덕분이라고 진단했다. 이는 K-방역 성공을 '감시국가', '통제사회', '동아시아적 집단주의' 등으로 설명하는 시도와 맥을 같이 한다. 하지만 시사인과 KBS가 공동으로 실시한 대규모 조사에 의하면 그렇지 않았다.

조사 결과를 보면 '민주적 시민성'이 높을 사람일수록 방역에 적극적이었다는 결론인데, 민주적 시민성이란 집단주의(권위주의) 대 개인주의(자유주의)의 이분법으로 해석할 수 없다는 것이다. 즉 "개인이 자유롭기를 바라지만, 좋은 공동체 안에서만 진정으로 자유로운 개인이 가능하다고 믿는다."는 것이다. 민주적 시민성은 '자유로운 개인인 동시에 공동체에 기여하고자 하는 시민'을 가리키고 있다는 것이다(시사인 2020.06.02).

마이클 샌델 교수는 "주변국들과 비교해 한국이 성공적인 방역 성과를 거둔 이유 중 하나는 넓은 의미의 공동체 의식과 사회적 결속력에 있었다."고 평가했는데, 이는 시사인 조사의 결론인 민주적 시민성과 맥을 같이 하는 평가의 관점이다. 한편 워싱턴포스트(WP)의 칼럼니스트 조쉬 로긴은 "수백만 명을 강제로 집에 가두고 정부 비판을 막아버린 중국"과 달리 "민주주의 국가의 강점을 잘 활용해 국민의 건강을 보호하는 것이 더 적합함을 증명한 국가는 (미국이나 이탈리아가 아닌) 바로 한국"이라고 평가했다.

의료 인프라와 시민의식

OECD(경제협력개발기구)의 작년 통계에 따르면, 우리나라는 GDP 대비 경상의료비가 7.6%(OECD 평균 8.8%)이며, 인구 1,000명당 의사 수는 2.3명(OECD 평균 3.4명)이고, 간호사 수는 3.4명(OECD 평균 9.0명)에 불과하다. 더욱이 공공병원 인프라의 영역을 살펴보면, 1,000명당 병상 수는 12.3개로 OECD 평균(4.3개)보다 3배에 달하지만, 이 가운데서 공공의료기관이 차지하는 비중은 2012년 11.7%에서 2018년 10.0%로 오히려 감소하는 추세다. 서울 역시 전국 평균보다 약간 높은 11%로 병상의 9할은 민간병원에 의존하고 있는 셈이다. 반면에 영국은 100%가 공공병상이며, 프랑스가 62.5%, 독일이 40.6%, 일본이 26.4%가 공공병상이다. 심지어 민간보험에 크게 의존하는 미국의 공공병상 비율도 24.9%로 우리의 2배가 넘는다(오마이뉴스, 2020.04.28).

이렇듯 선진국들에 비해 의료 인프라가 상대적으로 열세임에도 K-방역이 국제적으로 인정받게 된 데에는 방역 당국의 일관된 방역 정책과 성숙한 시민의식에 기초한 민관협력의 효과라고 평가할 수 있다. 물론 성숙한 시민의식과 민관협력이 어느 날 갑자기 작동했다기보다는, 그 동안 지역사회 시민들과 협력적 거버넌스 경험을 꾸준히 쌓아온 지방정부의 활약이 바탕이 되었다.

국가와 시민의 협력적 거버넌스와
지방정부의 경쟁적 혁신정책

국가주도성 강화

코로나19가 장기화될 것이라는 예측이 확실시되면서 국가
주도성이 과도하게 강화될 것을 염려하는 목소리가 나오고 있
다. 유발 하라리는 "전체주의적 감시와 시민 역량 강화 사이의
선택, 시민이 자발적으로 청결과 보건에 힘쓰거나, 정부가 시
민을 밀착 감시하고 통제하는 시나리오 중에서 선택"을 해야
하는 상황이라고 지적한 바 있다.

전시에 국가가 권한을 최대한 집중시키듯이 전시에 준하
는 재난 상황에서도 국가의 주도성이 강화되는 현상은 어쩌면
당연한 것이기도 하다. 국가가 중심이 되어 일사불란한 국가
방역 체제를 가동하고, 방역 현황에 대한 정보와 대응 지침을

일관되고 충분하게 제공하고, 확진자 동선 공개와 통제, 검사 장비의 조달과 검사 프로세스 결정 및 실행, 자가 격리의 기준 결정과 강제 실시, 병상 설치와 의료 인력 동원, 확진자 정보와 시민 동선의 통제 등등 재난 상황에서는 조직된 국가의 역할과 기능이 매우 부각된다. 더욱이 전 국민 재난지원금 지급, 중소상공인들에 대한 특별금융지원 및 재난지원금 지급 국가는 자신이 가진 행·재정 수단을 긴급 동원할 수 있다.

지방정부의 활약

이번 코로나19 방역에서 가장 두드러진 현상 중의 하나는 지방정부의 활약이다. 심지어 지방정부의 활약이 없었으면 K−방역의 '선방'은 불가능했을 것이라고 한다. 질병관리본부에서 보내오는 코로나19 대응 가이드라인이 있지만, 이보다 지방정부별로 훨씬 더 강화된 선제적 조치들이 실행된 경우도 많았다. 사스와 메르스를 거치면서 축적된 지방정부의 경험이 빛을 발했다. 한국의 'K−방역' 모델이 강력한 국가브랜드로 자리매김하고 있는 가운데, 지방정부 특히 방역의 최일선을 지켜낸 기초 지방정부의 활약상은 한국을 넘어 전 세계로 확산 중이다. 기민하게 주민의 삶 속 깊숙이 파고드는 지방정부들의

진가가 비로소 체감되기 시작한 것이다. 이하에서는 몇몇 기초 자치단체 방역사례를 모아 소개한다.[31]

지역사회 감염 확산이 우려되던 2월말 **서울 서대문구(구청장 문석진)**는 일찌감치 '동선조사팀'을 꾸려 확진자들의 세부 동선을 파악해나갔다. 중앙에서 파견된 역학조사관에게는 휴대폰 위치추적이나 카드 사용내역 확인 등의 권한이 주어지지만 지방정부에는 이와 같은 권한이 없다. 따라서 구 자체의 인적·물적 자원을 최대한 활용하여 대처하는 방안을 고안해낸 것이다. 관내 CCTV 화면 확인, 현장 탐문을 통한 시뮬레이션 등 하나 하나 이동경로를 추적한 결과 확진자의 진술에서 드러나지 않은 동선을 밝혀내기도 했다.

광명시(시장 박승원)는 지난 1월 28일 재난안전대책본부를 꾸린 이래 집단 감염을 막기 위한 종교시설 1:1 점검, 8,000명이 넘는 시민 자율방역, 책 배달 서비스 등 다양한 지역 특화 대응책을 내놓으며 시민의 삶을 살폈다. 최근에는 대중교통을 이용하는 시민의 불안 해소를 위해 운전석과 승객석 사이에 비닐 칸막이를 설치한 '안심택시' 20대를 시범 운영하고 있다.

---

31) 출처 : 미래자치분권연구소 웹진 6월호

비닐 칸막이는 운전석이 있는 앞자리와 승객들이 주로 타는 뒷자리 사이에 설치되며, 시에서 설치비의 90%를 지원한다.

오산시(시장 곽상욱)에서는 학생 수 600명 이상의 학교에만 제공되는 열화상 카메라를 정원 요건 미달로 인해 경기도 차원의 지원 대상에서 제외된 학교에까지 모두 지원한다. 본격적인 등교 개학을 앞두고 학생과 학부모의 불안이 증폭되고 있는 상황에서 안전한 교육 환경 조성을 위해 사각지대 없는 철저한 대비가 가능하도록 하는 선제적 대처이다.

수원시(시장 염태영)가 최초로 도입한 '해외입국자 임시검사시설', '안심숙소 서비스'는 전국으로 확산되어 해외유입 감염 차단에 큰 역할을 했다. 증상이 없는 해외입국자가 코로나19 진단 검사 결과를 통보받을 때까지 1~2일 머무를 수 있는 임시검사시설(중앙선거관리위원회 선거연수원)을 3월 26일부터 운영하였다. 또한 해외입국자와 국내의 가족 간 감염 위험 차단을 위해 관내 5개 호텔과 업무협약을 체결하여 해외입국자가 자택에서 자가격리를 하는 동안 수원에 거주하는 가족이 호텔을 저렴한 가격에 이용할 수 있도록 하는 '안심숙소 서비스'를 창안했다. 지역 사정을 잘 알고 활용할 수 있는 지방정부이기에 가능한 일이었다.

충남 논산시(시장 황명선)는 '마스크 대란' 당시 자체적 해결 방안을 마련하기도 했다. 마스크 수급이 원활하지 않아 시민 불안이 증폭되던 상황에서 관내 소재 기업과 협업해 시민들에게 판매할 수 있는 마스크를 확보한 것이다. 이는 기초 지방정부가 마스크 수급 안정화를 위해 나선 첫 사례가 되었다.

서울 강북구(구청장 박겸수)의 경우 2월 25일 자가격리 전담반을 신설, 방역과 모니터링 업무를 분리하여 효율적인 대응체계를 구축했다. 또한 확진자 발생 시 최초 접점인 구 보건소에서 역학조사와 함께 24시간 내 확진자 동선에 따라 즉각적인 후속조치를 할 수 있는 역학조사 상황실을 운영하며 자체 대응력을 한층 강화하기도 했다.

자치구와 동 단위를 넘어 통 단위까지 협력대응 체계를 확장한 은평구(구청장 김미경)의 사례도 있다. 은평 성모병원에서 확진자가 속출하던 3월 초, 은평구는 구청 팀장과 담당 통장이 2인 1조를 이루어 일대일 모니터링을 진행하는 합동관리전담제를 운영했다. 대상자들의 건강상태를 실시간으로 파악하고 관련 기관들과 연계해 생활지원과 인력 지원을 하는 등 촘촘한 방역망과 안전망을 구축하고 있다.

노원구(구청장 오승록)는 정보 사각지대 해소를 위해 안내 문자 전송서비스를 전화로 접수했다. 디바이스 문제로 긴급재난문자 수신이 불가능하거나 인터넷 사용에 어려움을 겪는 주민을 위한 조치였다. 특히 재난 상황에서 더욱 중요한 정보 접근 기회의 평등을 실현하기 위한 노력인 것이다.

대전 유성구(구청장 정용래)는 '유성형 생활방역 체계'를 수립하여 코로나 장기화에 체계적으로 대비하였다. 유성형 생활방역이란 구민이 주체로서 코로나19를 함께 극복하고 주민 스스로가 방역에 습관화될 때까지 지원하는 민관협력 방역 모델이다. 구체적으로는 유성구청이 재난기금을 투입해서 마스크를 구매하고 유성구 자원봉사센터는 마스크 목걸이를 제작하여 유치원과 초등학교에 공동으로 지원했다. 또한 유성구청은 대한적십자봉사회 유성지구협의회와 마스크 착용 캠페인을 공동으로 진행하기도 했다.

광주시 광산구(구청장 김삼호)의 아이디어도 흥미롭다. 보다 원활하게 소독제를 공급하기 위해 대형 물탱크를 활용했고, 주민들은 빈 페트병만 있으면 편안하게 액체형 소독제를 구할 수 있었다. 또한 광산시민 마스크 제작 사업을 통해 부족한 마스크를 자체 제작하는 능력을 갖추고 실직한 주민들에게 일자리를 제공하는 일석이조의 효과를 노리고 있다.

광역버스를 이용하여 서울로 통근하는 인구가 많은 **구리시(시장 안승남)**의 경우 만원버스 내의 감염 확산을 방지하기 위해 출근시간대 전세버스를 운영하였다. 이는 승객 분산 효과뿐만 아니라 코로나19 여파로 운행을 멈춘 관내 전세버스를 활용함으로써 지역 기업에도 도움을 주는 일석이조의 정책이다.

여주시(시장 이항진)는 6월말 기준으로 코로나19 확진자가 한 명도 발생하지 않은 '코로나 청정지역'이었다. 그러나 방심하지 않고 매일 아침 영상으로 진행되는 중앙재난안전대책본부 회의에 읍면동장까지 모두 참석하도록 하고 전국적 상황을 예의주시함으로써 빈틈없는 대응 체계를 운영하고 있다.

화성시(시장 서철모)의 '인공지능 돌봄서비스'는 코로나19 사태로 돌봄의 공백이 커지는 복지 사각지대를 보완하는 역할을 톡톡히 하고 있다. 대화 기능과 움직임 유무를 감지하여 알람을 보내는 기능, 위급상황 시 구조 신고를 보내는 기능이 탑재된 AI스피커를 관내 홀몸 노인 200명에게 제공하여 비대면 상황에서도 돌봄이 가능하도록 했다. '언택트'의 확산이 고령층에게는 또 다른 재난이 될 수 있는 상황에서 우려를 해소하고, 첨단기술을 활용한 복지 전달 체계의 새로운 가능성을 보여준 것이다.

부천시(시장 장덕천)에서는 전국 최초로 결혼이민자, 영주권자 등 이주민에게도 재난기본소득을 지급할 수 있도록 조례를 하였다. 복지 체계에서 소외되는 시민이 없도록 하기 위한 노력이자 이주민 인구비율이 높은 지역의 특성에 맞춘 지원책이다.

하남시(시장 김상호)는 '화상 면접, 구인·구직 만남의 날'을 개최하여 구직자들이 취업 기회를 잡을 수 있도록 했다. 감염 확산의 위험때문에 채용 절차가 원활히 진행되지 못하는 문제를 해결하고 얼어붙은 취업 시장에 숨통을 트이게 하는 조치이다. 하남시는 또 지역 의사회와 협력하여 호흡기 증상만을 진료하는 '호흡기감염클리닉' 모델을 고안하여 전국으로 확산하기도 했다.

이처럼 지방정부, 특히 기초자치단체의 활약이 더욱 두드러지는데 관할 지역사회의 상황을 종합적으로 파악할 수 있고 방역의 요충 지역에 대하여 구체적으로 알고 있으며, 주민들의 이동과 동선에 대해서도 실시간 점검할 수 있어서 민첩한 대응이 가능하기 때문이다. 시민들과 함께 종합적이고 신속한 상황 대처가 가능하다 보니 주민 체감성이 높아지고 시민들에게 안정감을 주게 되어, 정부에 대한 신뢰도를 높이는 데에 결정적인 역할을 한다. 이렇게 현장에 가깝고 즉각적 대응이 가능한 것이 바로 지방정부이다. 중앙통제식 일사불란함만으로는 현장 상황에 맞게 책임 있는 결정을 내리고 신속하게 대처할 수가 없다. 재난 상황에서는 더더욱 지역별 재량과 자율성을 바탕으로 한 즉시성이 대처능력을 높인다.

혁신정책의 경쟁적 선도

더욱이 재난기본소득(재난지원금)을 둘러싼 정책의 공론 과정에서 지방정부의 역할은 결정적이었다. 중앙정부(기재부)가 재정 건전성을 이유로 3개월여 동안 지루한 논쟁을 하고 있을 동안, 기초정부들은 5만, 10만 원 등 소액(?)이지만 전 주민 지급을 결정하고 곧바로 실행을 했고, 서울, 경기, 경남도가 재난지원금의 지급을 주장하고 나서자 중앙정부는 그제서야 마지못해(?) 지급을 결정하였다.

기재부의 재정 건전성 주장의 진위를 떠나,[32] 재난지원금 정책이 실시되는 흐름을 보면, 향후 혁신정책은 지방정부의 선도적인 실험으로 시작되고, 지방정부들의 경쟁적인 혁신정책의 확산을 통해 국가정책으로 도입될 것으로 예상된다. 지방정부는 비교적 작은 규모의 지역사회를 정책 대상으로 하기 때

[32] 재난지원금 추경 편성을 두고 기획재정부가 '재정 건전성'을 이유로 소극적인 태도를 보인 바 있다. 즉 재난지원금을 소득 하위 70%까지 지급하면 9조 7천억으로 국채 발행 없이 지급 가능하지만, 전 국민 100%에게 지급하면 13조원이 들어 3조 가량의 적자 국채발행을 해야 하는데, 이는 코로나가 끝나지 않은 상태에서 재정 건전성을 악화시키기 때문에 곤란하다는 입장이었다. 하지만 가계의 부채 증가 속도가 세계 2위로 가계의 소득을 보전하지 않으면 파국의 위험이 있고, 우리나라의 재정 건전성(GDP 대비 국가채무 비율)은 매우 양호한 수준이며, 무엇보다 경기침체가 이어지고 소비가 위축되어 GDP가 격감하면 국가 채무를 낮게 유지해도 재정 건전성은 낮아지게 된다는 비판의 입장이 있었다.

**경제협력개발기구(oecd)
주요 회원국의 국가채무비율**
2018년 기준(단위%)

국가	비율
일본	214.6
그리스	184.1
이탈리아	142.5
싱가포르	112.3
프랑스	110.0
영국	108.6
미국	99.2
오스트리아	83.3
독일	66.1
핀란드	62.4
호주	39.8
덴마크	39.7
한국	38.9
멕시코	35.3
룩셈부르크	22.5

자료: 한국경제연구원

문에 정책 환경이 상대적으로 복잡하지 않다는 점, 당장 지역 사회 현장의 다급함을 외면할 수 없는 민감성, 단체장의 결정으로 신속하게 의사 결정할 수 있다는 점에서, 실험적인 혁신 정책을 시도하기 용이하다. 여기에다 다른 지방정부외의 혁신 경쟁이 작동한다고 보면 혁신정책 확산의 긍정적인 순기능이 있다. 중앙정부 역시 지방정부의 혁신 실험을 통하여 현장에서 어떻게 작용하고 부작용은 어떻게 나타나는지를 구체적으로 확인할 수 있어서 중앙정부의 정책으로 수용하기가 쉽다.

무엇보다 지방정부의 혁신정책은 지역사회의 시민들이 참여하도록 하는 데에 매우 효과적이다. 재난 상황의 영향을 직접 받는 실제 당사자들이고, 가까운 곳에 있는 정부가 정책 결정을 하기 때문에 참여의 동기가 분명하고, 참여의 효능감이 매우 구체적이어서 체감도가 높다. 따라서 시민참여가 필요한 정책의 경우에는 지방정부의 능동성이 매우 중요한 요인이 된다. 이렇듯 코로나19 방역 과정을 통하여, 시민참여와 민관협력을 통한 재난 극복이라는 틀거리가 확고하게 자리 잡히고, 아울러 경쟁적 혁신의 주체로서 지방정부의 존재감이 분명하게 드러났다.

02

With 코로나와 로컬택트

코로나19로 인한 재난 상황이 장기화될 것이라는 전망이 확실시되면서, 비대면의 일상은 더욱 강제되고 실제로 강화되어 갈 것이다. 하지만 비대면의 일상은 장기간 유지하기 어렵고 더욱이 비대면은 불평등을 더욱 악화시키기 때문에, 감염의 위험을 낮추면서도 대면적 일상을 회복해야 한다. 감염의 위험과 대면적 일상이라는 딜레마를 어떻게 극복하는가가 이른바 뉴노멀(New Normal)의 모습을 결정하는 중요한 요소가 될 것이다.

언택트(Untact)의 강화

코로나는 여전히 기승을 부리고 있고, 언제 사라질지도 모른다. 많은 전문가들은 감염 재난이 우리의 일상이 될 것이라고 한다. 이러한 재난 상황은 비대면을 강화한다. 국제교역도 국제투자도 멈추고 원거리 이동은 억제된다. 의약품은 물론이고 생필품의 수급도 비상이다. 식량위기에도 대비를 해야 한다. 자국우선주의가 강화되고, 세계화 둔화(슬로벌라이제이션, Slobalization)가 가속화될 전망이다. 무엇보다도 시민의 일상이 비대면 원격으로 빠르게 재편될 것으로 예상된다.

글로벌 공급망 위축

이른바 글로벌 가치사슬(밸류 체인, value chain)이 제대로 작동하지 않는다. 전 세계적인 분업생산을 통한 완제품 생산 시스템에 단절이 생기면서 생산－소비가 일시에 정지되고 글로벌 경제 자체가 마비되기에 이른다. 국제무역과 국제투자가 축소되고 전 세계적으로 경제성장률이 곤두박질치고 정치 위기로까지 이어지고 있다.[33]

글로벌 체인의 붕괴는 각국이 부품 공급처를 다변화하려는 노력을 기울이게 되고[34] 나아가 주요부품에 대해서는 자국 내에 조달체계를 갖추어야 한다는 움직임이 일고 있다.[35] 이렇

---

33) 최근 IMF는 1930년대 세계 경제 대공황 이후 최악의 경기 침체를 겪을 것으로 보고, 2020 세계 경제성장률을 -3.0%로 전망하였다. OECD 주요 국가의 경제성장율 예상치를 보면 한국 -1.2, 헝가리 -3.1, 칠레 -4.5, 폴란드 -4.6, 룩셈부르크 -4.9, 터키 -5.0, 일본 -5.2, 미국 -5.9, 스위스 -6.0, 핀란드 -6.0, 독일 -7.0, 프랑스 -7.2로 유래 없이 마이너스 성장을 할 것으로 예측하고 있다. 이 와중에 한국은 비록 마이너스 성장이기는 하나 그 폭이 가장 작아 1위를 기록하고 있다.

34) 우리는 일본의 경제 도발로 재빠르게 원료 공급처를 다변화하고 나아가 국내 기업의 기술개발을 지원하여 국내 조달이 가능하도록 하여 자국 조달 체계를 성공적인 구축한 경험이 있다.

35) 제조업의 본국 회귀, 리쇼어링(re-shoring)이라고 한다. 비용 절감 등의 이유로 국외로 생산기지를 옮겼던 기업이 다시 본국으로 돌아오는 현상. 원가 절감과 현지 진출 등을 목적으로 인건비가 저렴한 다른 나라에 현지 공장이나 기업을 세워 진출하는 것을 '오프쇼어링(off-shoring)'이라고 하는데, 리쇼어링은 현지의 임금상승과 경제 정책의 변화 등에 따라 해당 생산기지를 본국으로 이전하는 상황을 의미한다. 인접 국가로 옮기는 경우에는 '니어쇼어링(near-shoring)'이라고 한다(다음백과).

듯 코로나로 인한 글로벌 경제시스템의 급격한 붕괴는 불가피하게 자국우선주의의 확산과 산업구조의 변화를 촉진시킬 것이라는 예상을 낳는다.

유럽과 미국 등 선진국에서는 선진국 시민답지 않게 사재기 현상이 나타나고 있다. 이는 상황이 심각해지면 식량위기로 치달을 수도 있다는 것을 의미한다. 더욱이 기후위기로 자연재해가 일상화되면 농작물의 생산이 급감하는 일이 잦아지고 결국에는 식량 확보를 둘러싼 국제적 분쟁도 피할 수 없게 된다.[36] 결국 세계화 둔화(Slobalization)현상이 가속화되고 국제질서의 재편이 불가피하다.

언택트(비대면) 시장을 지원하는 기술의 상용화

코로나가 장기화되고 비대면이 강제되면서 반대로 활성화되고 성장하는 영역이 생긴다. 대면하지 않고 물건을 사고파는 온라인 커머스가 성장한다. 배달이 급증하고 드라이브스루(drive through)가 다양한 일상으로 확대된다. 디지털 결제수단이 활발해지고 원격수업(에듀테크), 원격근무 시스템이 활성화 된다. 심지어는 원격의료가 이 틈을 놓치지 않고 비집고 들어온다. 이들 비대면 원격을 지원하는 기술과 플랫폼이 각광을 받게 된다.

이른바 코로나 재난으로 더욱 부각된 5대 기업을 가리키
는 'FAANG'이 페이스북(Facebook), 아마존(Amazon), 애플
(Apple), 넷플릭스(Netflix), 구글(Google) 기업들의 이름 앞글
자를 따 모은 것이라고 한다. 그만큼 플랫폼 기반의 기업들과
기술과 자본동원력이 뛰어난 대기업들에게는 더욱 큰 기회가
주어지는 것이다. 통제력과 주도권을 강화하는 정부와 대기업
의 과점구조가 확대 심화될 것이 예견되고, 결국 대기업이 성
과를 독점하는 상황이 우려된다.

언택트(비대면) 일상의 확대

비대면이 일상에서 일으키는 변화는 더욱 체감적이고 심
각하다. 여행은 전면 중단이다. 해외 여행은 금지이며 국내 여
행 역시 억제 대상이다. 아예 이동을 하지 말 것을 권장한다.

---

36) 2011년부터 7년 동안 끌어온 시리아 내전으로 수많은 인명피해와 난민이 발생하였고,
유럽의 각국들이 이 난민들의 수용 여부를 둘러싸고 엄청난 갈등을 겪었다. 시리아 내
전의 직접적 원인은 이슬람 세력들 간의 주도권 다툼에서 비롯되었지만, 2007년에서
2010년에 걸친 중동지역 사상 최악의 가뭄으로 인한 '물 부족'이 근본적인 원인이다. 물
부족으로 곡물수확이 격감하고 식량가격이 폭등하면서 생존의 위기에 내몰린 농민들이
도시로 몰려들면서 정치 불안이 격화되고 급기야는 내전으로 이어진 것이다.

여행업과 항공업 등 수송산업은 도산의 위기에 처한다. 그나마 최근 신혼부부들의 '최애 여행지'가 제주도란다.

영화관, 노래방, 클럽 등 다중이 밀집하는 시설들은 출입이 금지되고 개장 자체가 엄격히 통제된다. 그동안 정부의 지원정책으로 활발하던 마을 단위의 주민활동이 전면 중단되었다. 모임도 강좌도 취소되고 소소한 모임조차 조심하는 분위기다. 공공이 운영하는 도서관, 복지관, 경로당 등 주민이 일상적으로 이용하던 시설들이 모두 폐쇄 조치되었다. 늘 마실 다니던 곳이 일시에 폐쇄되니, 갈 곳을 잃은 노인들이 무기력에 빠지고 우울증을 호소하기도 한다. 그러다 보니 가족들이 집을 중심으로 생활하게 되고 가족들 간 다툼이 증가한다는 보고가 나온다.

언택트(비대면)의 불평등성

비대면이 불가피하다고 하지만, 비대면으로 일상을 얼마나 버텨낼 수 있을까? 얼마 간이라면 모를까 이런 재난 상태가 장기화를 넘어 일상화된다면, 비대면으로 살 것을 요구하는 것이 과연 타당한가? 구성원들 간의 만남과 교류로 작동하는 인간사회에서 비대면은 그 자체로도 고통이다. 그런데 무엇보다 비대면은, 박원순 전 시장이 "재난의 피해와 고통은 가장 취약한 곳에 가장 먼저 가장 깊이 온다"고 지적했듯이, 불평등을 악화시키기 때문에 더욱 걱정스럽다.

돌봄대란

교사가 미칠만 하면 방학이 찾아오고 부모가 미칠만 하면 개학이 돌아온다고 한다. 이렇듯 학교와 가정에서 교사와 부모가 절묘한 역할 분담을 하면서 아이들을 돌봐온 시스템이 코로나19로 일거에 붕괴되었다. 돌봄대란으로 아이들의 일상이 무너지고, 부모들이 돌봄 독박을 쓴다. 맞벌이, 한부모, 조손 가정은 더욱 절박하다. 초등학생의 절반 이상이 부모가 없는 집에서 혼자 시간을 보내야 한다. 온라인 수업이 시작되면서 와이파이와 컴퓨터가 없거나 온라인 수업 지원을 받을 수 없는 집 아이들이 난감하다. 하지만 이보다 훨씬 더 큰 문제가 있다. 학교에 등교하지 않는 상황에서 더욱 다양한 사교육 프로그램을 기획하는 집 아이들과, 종일 게임에 빠져 지내도 챙길 사람이 없는 집 아이들 간의 교육격차는 더욱 벌어진다. 원격수업은 이렇게 아이들의 교육기획의 불평등을 심화시킨다.

아이들도 하루 이틀이지 집에 갇혀 사는 게 고역이다. 입학을 해도 학교에 갈 수 없고, 학교 등교가 재개되었지만 일주일에 하루 등교라니 감질난다. 또한 비대면이 강조되고 외출이 금지되면 될수록, 노인과 병자에 대한 돌봄의 사각지대가 더욱 늘어나고, 독거노인의 경우 방치의 위험이 커지고, 위험 상황을 맞이할 가능성이 높아진다.

자영업과 플랫폼노동자의 생존 위기

　자영업자의 매출 격감은 그야말로 엎친 데 덮치는 격이다. 대형마트와 대기업 프랜차이즈가 동네 상권에 침투하면서 지역 상권을 지켜오던 자영업이 타격을 입고, 온라인 구매와 해외직구가 일상화되면서 매출이 급감한다. 폐업이 늘고 영업을 해도 자신의 인건비조차 건지기 어려운 빈사 상태에 빠진지 오래다. 그나마 버티던 식당마저 배달 앱에 장악되면서 양극화되어, 그야말로 지역의 자영업은 설 땅을 잃었다. 이런 절망적인 상태에서 확인사살(?)이라도 하듯이 코로나가 들이닥치니 1천만 자영업 가족들은 생존의 위기로 내몰린다.

　마이클 샌들이 "코로나 위기 동안 위험을 감수하고 일하는 노동자는 결국 저임금 노동자들과 종속적인 노무제공자들(특수고용·플랫폼노동 등)"이라고 말한대로 플랫폼 노동자(gig worker)들과 프리랜서 특수노동자들은 자동으로 일자리를 잃고 대책 없는 실업 상태에 빠졌다. 비대면 상황에서 재택근무를 권장한다고 하는데, 출근하지 않아도 집에서 업무 수행이 가능하고 급여를 받을 수 있는 노동자는 극히 일부이며, 대부

---

37) 긱 노동자(gig worker)란 필요에 따라 임시로 계약을 맺은 후 일을 맡기는 긱 경제(gig economy) 플랫폼에서 일거리를 구하는 노동자를 말한다. 이들은 배달, 대리운전 등에 종사하며 온라인 중개 플랫폼을 통해 일을 얻는다.

분은 현장에 나가야 일을 할 수 있고 그래야 수입을 얻어 생계를 이어갈 수 있다. 그런데 비대면으로 일터에 갈 수 없다면 그야말로 죽으란 얘기다. 이들 대부분은 고용보험이 가입되어 있지 않아 그야말로 노답이다.

코로나 사태를 통과하면서 우리 사회는 '제도를 통하여 보장받는 계층'과 '제도적인 보호망에서 완전히 배제된 계층'으로 확연히 구분되어 있음을 명백히 확인하고 있다. 그야말로 재난은 평등하지 않다. 오히려 없는 사람들에게 먼저 닥치고 가혹한 피해를 남긴다. 우리 사회의 외적 번영에 의해 가려져 있던 아픈 현실이 속살처럼 드러나고 있다. 이렇게 언택트는 우리 사회의 불평등과 격차의 골을 더욱 깊숙하게 만든다.

언택트에서 '로컬택트'로

주춤하던 확진자 수가 다시 늘어났다 줄었다, 롤러코스터를 탄다. 'Post 코로나'를 화두로 많은 이들이 말했지만, 섣부르게 코로나 이후를 이야기하기보다는 현재진행형인 코로나 상황에 더욱 집중해야 한다. 그래서 'Now 코로나'란다. 코로나는 이제 장기화를 각오해야 한다. 가을에 더 강한 2차 팬데믹이 온다고 하니, 앞으로는 감염 재난이 일상화된다는 것을 전제할 수 밖에 없다. 'With 코로나', 이제는 코로나와 함께 건강하게 살 궁리를 해야 한다.

언택트의 불가피성

비대면, 언택트(Untact)가 불가피하다고 하는 것은 '장거리이동', '다중의 집합', '익명성'이 감염 확산의 위험을 높이고 팬데믹으로 빠져들게 하기 때문이다. 국가 간 이동의 위험은 물론이고 국내에서도 원거리 이동이 감염의 위험을 높이고, 감염자 발생 시 감염의 확산 경로를 추적하는 데 어려움을 가중시킨다.

많은 사람들이 한군데에 밀집해서 모이는 것은 감염을 폭발적으로 확산시키는 주된 원인이 된다. 더욱이 그 모임의 장소가 밀폐된 실내인 경우는 매우 위험하다. 대구 신천지 확산의 시작점이 장례식장이었고, 대구의 확산이 어느 정도 잠잠해질 무렵 이태원 클럽 발 확산은 다중집합의 위험성에 대한 경각심을 더욱 가지게 했다. 그 이후 개척교회 발 확산이나, 카페 확산 등 모두 다중이 밀폐된 공간이 한꺼번에 모이는 것이 확산의 주된 시발점이 되었다. 그래서 생활 속 거리두기의 핵심은, 밀집(密集), 밀폐(密閉), 밀착(密着) 3밀(密)을 피하는 것이다.

다중이 모인 경우, 모인 사람들이 불특정 다수일 경우에는, 확진자 발견 이후 추적이 어려워진다. 확진자와 접촉한 다중이 누구인지 신원 확인이 불가능하고 사후 검진 등의 조치가 불가능하거나 시간이 많이 소요되는 경우, 추적시스템은 무용해지고 확산은 통제 불가능한 상태로 전환된다. 이것이 팬데믹 상태로 빠져드는 경로다.

이렇듯 비대면 조치는 장거리 이동, 다중의 집합, 익명성의 위험을 최소화하기 위한 것이다. 그런데 문제는 감염의 위험이 장기화되고 일상화되고 있는 상황에서 이러한 비대면을 계속 유지할 수 없다는 점이다.

With 코로나와 로컬택트(localtact)

코로나와 함께 살아가야 한다는 'With 코로나' 시대에 언제까지 비대면으로 살 수 있을까? 비대면을 유지하자니 일상이 무너지고, 비대면을 포기하자니 감염의 위험을 막을 수가 없다. 딜레마 상황이다. 하지만 일시적인 상황이 아니라면 결코 비대면이 답일 수 없다. 감염 위험을 최소화하면서 대면하며 함께 살아갈 방법을 찾아야 한다.

장거리 이동을 '근거리 이동'으로 전환해야 한다. 다중의 집합이 아니라 '분산'해서 소규모로 만나야 한다. 익명의 위험을 벗어나기 위해서는 신뢰하는 사람들 간의 관계로 일상을 전환해야 한다. 즉, 근거리 범위 안에서 신뢰 관계를 가진 사람들이 분산해서 만나며 살아가야 한다는 말이다. 이렇게 살아갈 수 있는 장소가 마을이고 동네다. 그래서 이제는 로컬(local)이다.

적절한 거리두기와 대면적 일상의 영위가 가능한 '신뢰 기반의 로컬 관계망'이 생활방역이자 생활안전망이다. '근거리' 생활권을 중심으로 필요한 시설과 서비스가 '분산'되고, 상호 '신뢰'가 있는 로컬을 중심으로 일상이 재편되고, 노동과 서비스가 재구성되어야 한다. With 코로나 시대의 뉴노멀(New Normal)은 '디지털 기반의 원격 비대면'이 아니라, '신뢰 기반의 로컬 관계망'이다. 언택트(untact)에서 로컬택트(localtact)로 전환해야 한다.

일상에서 로컬택트가 원활해지고, 로컬 중심의 라이프스타일이 안착되려면 로컬에 대대적인 투자가 따라야 한다. 원거리 이동, 다중 집중, 익명성을 특징으로 하는 라이프스타일에서 근거리 범위 안에서 신뢰를 기반으로 분산형으로 살아가는 라이프스타일로 전환하기 위해서는 상응하는 조건들이 갖춰져야 한다. 인프라가 구축되고 인적·물적 자원과 프로그램이 투입되어야 한다. 이른바 로컬뉴딜(Local New Deal)이 추진되어야 한다.

03

기후위기와 그린뉴딜

문제는 앞으로 코로나보다 훨씬 치명적인 재난을 몰고 오는 기후위기가 도래한다는 것이다. 아니 이미 기후위기의 징후는 명백하다. 유럽을 비롯한 세계 각국에서도 기후위기에 대한 대책이 빠르게 강구되고 구체적인 계획으로 발표되고 있다. 한국 사회에서도 최근 문재인 대통령의 지시로 촉발된 그린뉴딜 정책은 매우 빠른 속도로 논의되고 있다. 중앙정부는 물론이고 지방정부도 열띤 정책 경쟁을 벌일 태세다. 정치권도 신속하게 반응을 보이기 시작해서 더욱 고무적이다. 이제 그린뉴딜이 국가적 의제가 된 것은 분명하다. 이제부터는 그린뉴딜의 내용이 관건이다. 그린뉴딜로 해결해야 할 문제가 무엇인지를 분명히 해야 한다. 문재인 정부가 발표한 한국판 뉴딜정책이 벌써 회색뉴딜로 전락한 이명박정부의 녹색성장과 뭐가 다르냐는 지적이 있다. 디지털을 중심으로 짜인 정부안에 대한 우려의 목소리가 커지고 있다.

기후위기와 그린뉴딜

기후 변화(climate change)는 이제 위기 국면에 달해 기후 비상사태(climate emergency)라고 한다. 지금의 추세대로 탄소 배출을 계속한다면 평균온도 2℃ 상승은 머지않은 장래에 현실이 된다. 평균온도 2℃가 상승하게 되면 자연계에 '피드백' 효과가 발생하여, 지구온도가 걷잡을 수 없이 급속도로 상승하여 인간의 힘으로는 통제가 불가능한 파멸 상태에 빠지게 된다. 과학자들은 이제 10년 남짓 남은 2030년을 파국의 결정적 시기로 지목하고 있다. 시간이 없다.

IPCC 〈지구 온난화 1.5℃에 대한 특별보고서〉

기후 변화에 관한 최고 권위를 가진 과학자 집단인 IPCC(Intergovernmental Panel on Climate Change)는 2018년 특별보고서를 제출했다. IPCC는 1988년 설립되었고 전 세계 195개국이 참여하고 있으며, 2007년에 노벨평화상을 수상하기도 했다. 그동안 총 다섯 차례 보고서를 UN에 제출한 바 있다. 5차 보고서는 2014년에 제출되었고, 그를 토대로 파리협약이 체결되었다. 파리 기후협약은 195개 선진국과 개발도상국모두가 온실가스 감축에 동참하기로 한 세계 최초의 기후 합의이다. 온실가스 배출 1, 2위인 중국과 미국은 물론 전 세계국가의 실질적 참여를 이끌었다는 데 큰 의미가 있다. 파리협약은 국제사회 공동의 장기목표로 산업화 이전 대비 지구 기온의 상승폭을 섭씨 2도보다 훨씬 낮게 유지하고, 더 나아가 1.5도C 이하로 제한하기 위한 노력을 추구한다고 합의했다. (다음백과) 2018년 인천 송도에서 개최된 총회에서 채택된 〈지구 온난화 1.5℃에 대한 특별보고서〉는 2017년에 이미 평균온도 1℃ 상승을 돌파한 이래, 2040년에 1.5℃상승 돌파할 것이라는 예측을 담고 있다. 겨우 20년 남짓한 미래에 지구가 회복 불가능한 마의 1.5℃ 상승에 도달할 것이라는 비관적인 예측이다. 이 보고서는 지구온난화를 1.5℃로 제한하기 위해서는 석탄발전을 제로화하고 전력 생산의 70~85퍼센트를 재생에너지로 대체할 것을 주장하고 있다.

그러나 호주국립기후복원센터는 2019년 5월, 이보다 더욱 충격적이고 비관적인 보고서 〈실존적인 기후 관련 안보 위기-시나리오적 접근〉을 내놓았다. 이 보고서는 20년 후가 아니라, 10년 후인 2030년이 되면 이미 1.6℃ 상승에 도달할 것으로 예측하고 있다. 당장 긴급한 행동을 하지 않으면 지구는 재앙 수준으로 빠져들 것이라고 경고하고 있다. 이 보고서에 따르면 파리협약과 IPCC 보고서는 2030년까지 특별한 변화가 없다고 진단하였고, 그래서 각국은 기후 비상 상황을 대비한 탄소배출 절감 및 제로 배출 경제체제로의 전환을 위한 즉각적인 행동에 나서지 않았다는 것이다.

기후 비상사태

2030년경 대기 중 이산화탄소의 농도는 437ppm에 이를 것이며 평균온도 상승은 이미 1.6℃에 달할 것이고, 2050년에 2.4℃에 이를 것으로 예상되는데, 문제는 자연의 복잡한 상호작용에 따라 다양한 시너지 효과가 생겨 실제 온도 상승은 3℃가 될 것이라고 한다. 지구 스스로 피드백 궤도에 올라

탄소배출 외의 다른 요인으로 0.6℃를 더 상승시킨다. 예를 들어 아이스 알베도(Ice Albedo) 피드백 현상, 즉 북극의 빙하가 녹아내려 늘어난 바닷물이 더 많은 태양열을 흡수하여 평균 온도를 상승시켜 결국 빙하가 더 녹아내리는 상승 작용이 나타나게 된다.

또한 미국 알래스카의 영구 동토층이 기후변화로 빠른 속도로 녹고 있다. 이 지역의 땅 속에는 몇십 억 톤의 메탄이 갇혀 있는 것으로 추정되는데, 땅이 녹으면서 메탄이 대기 중에 방출되는 것이다. 미국 과학전문지 〈사이언스〉에 따르면 대기 중에 포함된 메탄의 양은 적은 편이지만, 지구온난화에 미치는 영향은 이산화탄소보다 무려 20배나 크다고 한다. 결국 기온 상승으로 동토가 녹아 메탄이 방출되면 기온이 더 올라 다시 동토가 녹고 메탄이 더 많이 방출되는 악순환이 반복되는 것이다.

이렇게 지구가 일단 피드백 궤도에 들어서게 되면 자연계 스스로의 상승 작용이 작동해서, 인간의 어떠한 인위적인 노력도 소용이 없어져 심각한 통제 불능의 상태에 빠지게 된다. 결국 지구 육지의 35%나 되는 면적이 인간의 생존 한계 상황에 다다르게 되고, 전체 인구의 55%가 생존이 불가능한

---

38) 유창복, 2020, 『시민민주주의』, 서울연구원, pp.376~377에서 재인용.

상태에 처하게 된다. 기후변화가 아니라 '기후위기'이며, 기후 '비상사태'다. "행동에 나서야 할 티핑 포인트가 10년밖에 남지 않았다."[38]

그린뉴딜의 목표

그린뉴딜 정책의 핵심 목표는 첫째, 앞으로 30년 안에 탄소배출을 제로로 만드는 것이다. 탄소배출 순증이 제로(Net Zero)에 이르게 한다는 것이다. 그러려면 앞으로 10년 안에 탄소배출을 절반으로 축소해야 한다. 둘째 불평등 완화이다. 불평등이 극에 달했던 1930년 대공황기보다 심각한 불평등 상태인 지금, 불평등의 원인을 근본적으로 흔들어 개선하는 것이다. 기후위기의 원인이자 불평등의 원인인 탄소를 배출하는 산업을 기반으로 형성된 강고한 기득권 체제가 버티고 있기 때문이다. 셋째 일자리 창출이다. 재난과 불평등의 구조로 인한 생존의 위기에서 벗어나려면 가장 안전한 사회안전망이 일자리이기 때문이다.

탄소의 '급격한' 배출 감소

2050년까지 넷제로(Net zero)를 달성하기 위해서는 2020년대 10년 동안 탄소 발생량을 최소 절반으로 축소해야 하는데, 이는 매년 7%씩 10년 연속 줄여가야 달성되는 목표다. 탄소배출이 감소한 적이 없었던 우리나라의 경우 유일하게 1998년 외환위기 때 탄소배출 증가율이 −14%(경제성장율 −5.1%)였다니, 10년 동안 외환위기를 다섯 번 연거푸 겪어야 달성되는 목표인 셈이다.

국제에너지기구(IEA)는 코로나19로 인하여 에너지 사용이 전 세계적으로 줄어들어 올해 8%의 탄소배출 감축 효과가 나타날 것으로 예상했다. 앞으로 10년 동안 코로나19와 같은 충격이 최소한 7∼8번은 와야 가능하다는 것이다. 결코 '한 등 끄기' 식의 의식계몽 운동이나 태양광 판넬 달기 캠페인만으로 달성될 수 있는 목표가 아니다. 그러므로 차근차근 점진적으로 추진하는 방식이 아니라, 절감 목표를 확고하게 정하고 그로부터 역산하여 무조건 달성해내는 방식으로 추진 계획을 짜야 한다.

그린뉴딜 정책의 대전제는 '탄소중립'(Carbon Neutral)이라는 목표를 분명히 해야 한다. 30년 내에 탄소제로(Net Zero), 10년 내 50% 축소를 명확한 목표로 설정하지 않고 내놓는 모든 정책은 그린뉴딜이 아니다. 그린워싱(Green-washing)[39]에 불과하다. 탄소중립이라는 명확한 목표를 제시하지 않고 '저탄소 사회' 또는 '장기 저탄소 발전 전략'이라는 애매한 목표를 설정한 채 이러저러한 정책들을 나열해서는 결코 기후위기를 넘어설 수 없다. 오히려 기후위기의 위험과 절박함을 흐리고, 집중해야할 실천행동을 교란하여 결국 골든타임을 놓치도록 방해하는 역할을 하게 된다.

---

39) 경제적 이익을 목적으로 상품의 친환경적인 특성을 과장하거나 허위로 꾸며 광고하거나 포장하는 행위(다음백과).

불평등과 정의로운 전환

탄소 기득권의 저항과 불평등 운동

　지금은 1929년 미국 대공황 시기 이래 100년 만의 최악의 불평등 상황이다. 불평등과 기득권은 탄소 기반의 산업구조에 뿌리를 두고 있다. 그러니 탄소배출을 줄이라는 것은 탄소 기반의 산업체제 자체를 정지시키는 것으로 기존의 기득권 체제를 흔드는 일이다.

　한 예로 10년 내 탄소배출을 절반으로 줄이려면 석유자원의 사용을 급격히 중지해야 하는데, 그러기 위해서는 어마어마한 석유 채굴 설비의 가동을 중단해야 한다. 이른바 천문학적인 규모의 '좌초자산'을 포기해야 가능하다. '좌초자산'이란 수요가 줄어들기 때문에 채굴되지 않고 남는 모든 화석연료, 버려지거나 폐기되거나 포기해야 하는 송유관과 해양 플랫폼, 저장 시설, 에너지 생산 설비, 예비 발전소, 석유화학 공정 시설, 그리고 화석연료 문화와 밀접하게 결합된 모든 산업 등을 의미한다. IRENA(국제재생에너지기구)가 제시한 시나리오에서 원유생산 부문만 보면, 화석연료 에너지에 대한 현재의 자본 지출 수준을 2030년까지 유지할 경우 화석연료 좌초자산은 약 총 7조 달러에 달한다고 한다.

석유산업 그것도 원유생산 부분만 7조 달러에 달한다고 하니, 석유산업 전체를 포괄하고 그밖에 석탄발전, 내연기관 자동차 산업 등까지 합하면, 좌초자산은 그야말로 상상도 못할 엄청난 규모일 것이다. 그러니 탄소를 배출하는 산업에 이해관계를 가진 기득권자들이 탄소배출을 축소하는 과정에서 발생하는 불이익을 눈뜨고 보고 있지만는 않을 것이다. 어마어마한 재력과 권력을 가진 이들의 조직인 저항이 쉽게 예상된다. 따라서 기후위기를 벗어나고자 하는 그린뉴딜은 단순히 환경의 가치만을 주창한다고 달성되는 것이 아니며, '불평등의 체제' 그 자체의 혁파를 목표로 삼아야 그나마 꿈쩍이라도 할 것이다. 그래서 그린뉴딜은 환경정의와 경제정의 두 마리 토끼를 한꺼번에 다 잡아야, 잡히는 일이다.

'정의로운 전환'과 사회적 안정망

　　탈탄소를 향한 산업의 전환과정에서 수많은 실업자와 생존의 위기에 내몰리는 사람들이 불가피하게 대거 발생한다. 탄소배출의 주요 원인인 석탄발전소를 10년 내 급격히 폐쇄할 경우, 발전소에 근무하는 노동자는 물론이고 전후방 산업에 종사해온 사업자와 노동자 등 엄청난 규모의 실업이 발생한다. 석탄 외에도 가스, 석유, 핵, 자동차 산업에서도, 재생가능에너지 산업이 성장하면 일자리의 감소가 불가피하다.

　　이들 다수의 노동자들과 그 가족들이 산업전환에 따른 여파로 생존의 위기에 빠지지 않도록 체계적인 전환 대비책이 마련되어야 한다. 기존의 탄소기반 산업 전체가 일거에 전환하게 될 때, 그 충격과 파장은 가히 재난 상황이라 해도 과언이 아닐 것이다. 이른바 '정의로운 전환'(Just Transition)이 가능하도록 실질적인 사회적 안전망이 준비되고 가동되어야 한다. 고용 전환을 위한 지원 대책과 사회적 안전망이 준비되지 않거나 부실할 경우, 노동자들의 입장에서는 기후위기에 따른 생존 위협보다 실업에 따른 생존 위협이 더 직접적이고 절실하기 때문에 전환 자체를 반대할 수도 있다. 따라서 세심하고 철저한 전환의 위험을 살피고 미리 대비해야 한다.

　　미국, 독일, 캐나다가 정의로운 전환 관련 프로그램을 만들고 이를 성공적으로 운영했다고 평가된다. 기후위기의 주범인 석탄발전소 폐쇄를 추진하면서 석탄산업 종사자들을 재교육하여 직업 전환을 지원하는 정책 프로그램으로 미국의 '파워 이니셔티브', 독일의 '단계적 석탄발전소 폐쇄 계획', 캐나다의 '정의로운 전환 TF' 등이 정의로운 진환 정책의 사례로 거론된다. 유럽의 전환 정책(transition policy)에서 보이는 정의로운 전환 정책의 체계를 보면 1)보상(피해 및 손실 금전적 보상), 2)특례(적용 유예 및 예외 조치), 3)구조조정 적응지원(지원과 보조), 4)대안모델 전환지원(지원과 보조)이라는 다차원적 정책 수단으로 구성되어 있다. 또한 이들 전환 정책의 수단을 원활하게 추진하기 위해 정의로운 전환기금(Just Transition Fund)이나 정의로운 전환지구(Just Transition Zone)를 운영하는 것도 포함한다(이정필, 〈그린뉴딜에 정의로운 전환은 없다〉, 에너지기후정책연구소 2020.6.27).

정의로운 전환은 일국 내 노동자들과 취약계층만의 문제는 아니다. 국제적으로 국가 간에도 대비해야 할 문제다. 저개발국의 입장에서는 전환을 추진할 자본도 기술적 여건도 없고, 당장 먹고 살기 위해서는 탄소배출 산업을 가동하는 것이 불가피하다. 또한 지금의 기후위기는 그동안 선진국들이 과도하게 탄소를 배출해온 탓이므로, 상대적으로 책임이 덜한 저개발국이 동등하게 책임을 지는 것은 불평등하다는 주장이다. 세계교회협의회(WCC)는 2019년 11월 실행위원회에서 '기후변화 비상사태에 관한 성명서'를 채택하며 2050년까지 탄소 중립성을 성취하고 지구온난화를 1.5℃ 선에서 유지하는 목적을 위해 온실가스 배출을 보다 야심차게 삭감하는 노력을 국가들이 자발적으로 실행하기를 요청하면서, 동시에 부유한 국가들이 저수입 국가들의 적응과 탄력 구축을 위해 투명한 기후 재정을 제공하는 노력을 할 것을 명시적으로 요청하고 있다. 물론 기후 비상사태의 영향 때문에 재난을 겪는 사람들과 공동체들을 지원하는 재정을 포함시킬 것과 유엔기후변화협약 과정 안에서 원주민들과 만나고, 종 다양성을 보호하고, 벌채와 싸우며, 농업생태학을 격려하고, 순환적이며 재분배적인 경제를 구축할 것도 요청하였다(기독교공보, 2020.07.27).

한편 산업 전환에 따른 충격말고도, 탄소배출이 급격히 줄어들기 전까지 예측 불가능한 양상으로 닥칠 가뭄과 산불, 쓰나미 같은 자연 재해와 코로나19와 같은 감염 재해로 인한 총체적 재난은 약자들에게 제일 먼저 들이닥치고 훨씬 참혹한 피해를 입히게 될 것이다. 약자들에게 닥칠 피해를 최소화하고 일상을 이어갈 수 있도록 사회적 안전망이 구비되어야 한다. 재난은 매우 불평등하기 때문에 재난의 발생을 막기 위해 대비하되, 재난에 취약한 약자들을 위한 사회적 안전망을 구축해야 한다.

일자리 창출

사회적 안전망과 일자리

탄소배출을 급격히 줄이더라고 상당기간 동안 기후위기로 인한 재난상황은 반복적으로 닥칠 것이다. 지금까지 발생한 재난과 향후 발생하는 재난은 이미 과거로부터 누적적으로 배출한 탄소가 일으키는 것이기 때문이다. 따라서 탄소배출을 급격히 줄이는 전환 과정에서 감당해야하는 대규모 실업 등의 재난상황과 기후위기로 인한 재난상황을 중첩적으로 직면하고 감당해야 한다.

따라서 감염재난과 자연재난, 그리고 그로 인한 사회경제적인 재난상황이 더해지는, 그동안 인류 역사상 유래가 없는 총체적이고 강력한 재난이 닥칠 것이라고 예상한다면, 그야말로 정의로운 전환을 위한 총체적인 사회적 안전망이 구축되어야 한다. 그렇지 않으면 탄소중립을 향한 전환은 바로 제동이 걸리게 되고, 상상할 수도 없는 사회적 재앙에 빠져들게 된다.

가장 튼튼한 사회적 안전망은 일자리다. 그러나 오늘날의 산업체제에서는 혁신이 일자리를 잘 만들지 못한다. 오히려 혁신을 하면 할수록 일자리는 줄어든다. 혁신이 '노동절약적'이기 때문이다. 에너지를 많이 쓰고 일자리는 축소시키는 방향으로 이루어진다. 기후위기 시대에는 정반대의 혁신이 이루어져야 한다. '자원(에너지)절약형–노동집약적' 산업으로 재편되어야 탄소도 줄이고 일자리도 늘린다.

최근 15년 동안 제조업에서는 30만 명의 종사자가 증가했고, 건설업에서는 그 절반인 15만 명이 늘었다고 한다. 반면 같은 15년 동안 130만 명이 증가한 산업 영역은 의료보건 등 돌봄 관련 산업이었다. 이제는 산업단지에서도 공사현장에서도 일자리가 늘어나기 어렵고, 오로지 사람이 사람을 돌보는 일에서 늘어난다. 즉 사람이 살아가는 장소에서, 동네, 마을, 지역… 로컬에서 일자리가 나온다.

사회적 돌봄과 일자리 창출

생존의 위기에 처한 이웃을 챙기고, 아이들과 노인, 병자와 장애인을 돌봐야 한다. 방역관리와 돌봄, 생활지원이 동네와 지역사회에서 촘촘히 작동하도록 해야 한다. 재난상황에서 일상을 유지하기 어려운 이웃을 돌보는 일이 모조리 일자리가 될 수 있다. 동네에서 서로 알고 지내고 이미 친밀한 관계를 유지하고 있는 이웃들끼리 서로 돌보는 호혜적 돌봄이 이루어질 때, 그 돌봄의 효능이 가장 높아진다. 그래서 로컬에서 사회적 돌봄망도 구축되고, 로컬에서 일자리도 창출된다. 사회적 돌봄과 일자리 창출의 목표가 로컬에서 동시에 달성되는 것이고, 그래야 로컬 회복력이 만들어진다. 이게 바로 로컬뉴딜이 해야할 일이다.

IT 산업은 일자리를 줄이는 대표적인 에너지집약형-노동절약형 혁신산업이다. 그나마 늘어나는 일자리도 데이터를 단순 수집·정리하는 일명 '인형눈알 붙이기' 일자리가 대부분이다. 시장(대기업) 중심, 비대면(IT), 회색 중심의 뉴딜에서 '주민의 삶'이 중심이 되는 '로컬뉴딜'로 과감히 전환해야 한다.

로컬 중심의 뉴노멀

한편, 더욱이 원거리 이동이 제한되고 비대면(재택근무)이 강조될수록 근거리(근린) 생활권이 부각된다. 코로나19를 겪으면서, 직주(職住)가 통합되고 또는 근접하는 라이프스타일이 선호되고 강화될 것이다. 로컬에서 일자리와 일거리가 나온다면 이러한 로컬 중심의 직주 근접-통합형 라이프스타일은 더욱 빠르게 안착될 것이다. 코로나 이후 재난 시대의 뉴노멀은 로컬을 중심으로 일상이 재편되면서 형성될 것이다.

04

로컬뉴딜, 그린뉴딜의 실천 전략

로컬뉴딜은 탄소 절감, 불평등 완화와 정의로운 전환, 사회안전망 구축과 일자리 창출이라는 그린뉴딜의 목표에 철저히 부합하도록 추진되어야 한다. 즉 로컬뉴딜은 지방정부가 그린뉴딜을 추진하는 '실행전략'이 되어야 한다. 따라서 로컬뉴딜은 시민의 참여가 기본원칙이다. 시민의 참여는 지역사회가 필요한 재화와 서비스를 스스로 생산조달하고 그 과정에서 일자리를 창출하는 '지역순환경제'를 구축하는 것을 목표로 삼아야 한다. 이는 기존의 보조금 공모방식이 아니라, 다양한 주체의 협력과 다양한 자원의 융합을 가능케 하는 새로운 민관 협력의 실천방법을 모색해야 한다.

'한국판 뉴딜'의 아쉬움

한국판 뉴딜

　문재인 정부는 지난 7월 15일 국민보고대회 형식으로 〈
한국판 뉴딜〉 종합계획을 발표했다. 한국판 뉴딜의 추진 배경
으로는, 첫째 저성장·양극화 심화에 대응하고 혁신적 포용 국
가 구현을 위해 사람 중심 경제로의 패러다임 전환 추진, 둘째
코로나19로 인한 대공황 이후 전례 없는 경기 침체, 셋째 미국
의 뉴딜정책에 버금가는 한국판 뉴딜을 추진하여 경제위기를
극복하고 코로나 이후 글로벌 경제를 선도하는 국가 발전 전
략의 일환이라는 논리가 제시되었다.

　종합계획은 코로나19로 인한 구조적 변화를 강조하면서
1) 비대면 수요 급증으로 인한 디지털 경제로의 전환 가속화

2) 저탄소·친환경 경제에 대한 요구 증대 3) 경제·사회구조의
대전환과 노동시장 재편을 핵심 요소로 소개했다. 아울러 정

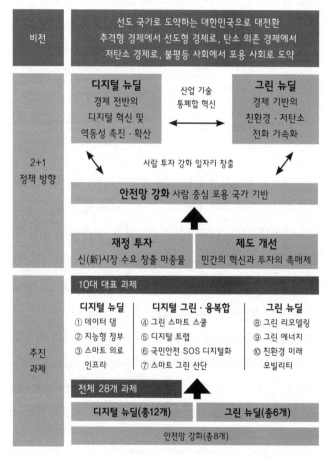

출처 : 관계부처 합동, 「한국판 뉴딜」 종합계획, 2020년 7월[40]

부는 디지털뉴딜과 그린뉴딜을 한국판 뉴딜의 핵심정책으로 추진하면서 사회안전망 강화로 뒷받침하고 재정 투자와 함께 제도 개선을 병행하여 대규모 촉진하겠다고 정책 방향을 밝혔다. 아울러 10대 대표 과제를 선정하여 한국판 뉴딜의 초기 구심점으로 활용하겠다는 추진 전략을 제시했다.

한국판 뉴딜 비판

한국판 뉴딜의 이런 구상과 계획에 대해서는 좌우를 넘나들면서 다양한 측면에서 비판이 제기되고 있다. 우선, 디지털뉴딜에 대해서는 학교의 노후 PC 교체, 태블릿PC 구입 등 뉴딜사업으로 보기 어려운 내용들이 있고, 뉴노멀에 대응하기 위한 근본적인 구조변화를 추구하기보다는 단순히 산업투자(디지털 인프라 구축)를 늘리는 정도로 이해하고 있다는 비판이 있다. 그린뉴딜에 대해서도 2050년 넷제로, 즉 탄소중립화(넷제로)라는 명확한 목표 없이 '저탄소'라는 애매하고 추상적인 방향 언급만 있으며, 단지 기존 사업(전기차·수소차 확대, 재생에너지 보급 확대 등)의 양을 늘리는 데 불과하다는 비

---

40) 기획재정부 홈페이지 보도참고자료. https://url.kr/ocmg9a

판을 받고 있다.

또한 그린뉴딜을 추진하면서 동시에 석탄발전은 유지하는 등의 모순적인 정책을 추진하는 모습도 보이고 있다. 이런 한계로 인해 민주당이 중심이 된 국회 기후위기 그린뉴딜 연구 회조차도 실망감을 드러내고 있다. 일련의 비판을 종합하면, 결국 한국판 뉴딜은 대공황 시대 뉴딜의 근본적인 문제의식을 충분히 반영하지 못한, 국가재정을 기반으로 한 총수요 확대 정책에 불과하다는 것을 알 수 있다.

로컬택트에 기반한 로컬뉴딜과 분권적 거버넌스

비대면을 촉진하는 것이 시대정신에 부합하는지, 왜 저탄소가 아니라 탈탄소로 가야하는지, 사회구조적 대전환에 맞서 불평등을 완화하고 국민들의 삶의 질을 높이기 위해 어떤 발전 전략이 필요한지에 대한 근본적인 논의가 절대적으로 부족했다. 특히, 코로나19에 직면하여 새로운 가능성의 공간으로 부상한 지역과 로컬에 대한 고민이 거의 보이지 않았다. 중앙 정부가 그린뉴딜을 추진하기에 앞서 이미 서울시와 충남을 비롯한 지자체가 그린뉴딜을 선언하면서 관련 정책을 제시한 바 있고, 시민들은 집 근처 공원을 방문하거나 마을공동체에 기반한 방역 활동을 진행한 바 있다. 즉 언택트 디지털 뉴딜과 중앙정부 주도의 그린뉴딜이 아니라, 로컬택트에 기반한 로컬 뉴딜과 중앙-지방-시민이 협력하는 분권적 거버넌스가 작동하는 그린뉴딜이 대안인 것이다.

뉴딜은 사회경제적 위기를 해결하기 위한 정부의 적극적 개입인 동시에 이에 대한 국민과의 합의다. 단순히, 중앙정부가 개입을 확대하는 것이 아니라 사회경제적 위기의 원인을 정확히 진단하고 이에 대한 해법을 국민과 합의해야 한다. 이 과정에서 국민과 가장 가까운 거리에 있으면서 사회문제해결을 함께 풀어갈 동반자로서 지방정부의 참여는 필수적이다. 흔히 3R(Relief, Recovery, Reform)로 불리는 뉴딜에서 가장 중요한 것은 바로 "개혁"(Reform)이다. 한국판 뉴딜 이후 새로운 세계를 꿈꾼다면, 이제부터라도 지방정부와 시민사회와의 적극적인 토론을 통해 사회경제적 개혁의 방향을 분명히 하고 방향에 맞도록 구체적인 내용을 함께 만들어야 한다.

그린뉴딜과 지방정부의 역할

그린뉴딜과 국가의 역할

국가는 전환의 불가피성을 선언하고, 전환의 방향을 명확히 정해야 하며, 달성할 목표와 일정이 담긴 전략을 제시해야 한다. 그리고 그에 따른 자원(재정) 배분의 원칙을 정해야 한다. 각 부처별로 조각조각 개별적으로 추진되던 사업들을 그 규모만 키워서 패키지로 모아 발표하는 방식을 이제는 버려야 한다. 그린뉴딜은 산업의 체계를 바꾸고 일상의 생활방식을 전환하는 일이다. 그것도 시한을 정해 서둘러 전환하는 것이다. 그 과정에서 발생하는 예측 가능하거나 예측 불가능한 재난 상황과 재난에 준하는 상황을 대처해가야 한다. 매우 전략적이고 총체적인 전환을 준비해야 한다.

그래서 국가의 '탑다운' 전략이 필요하다. 법 제도의 정비와 대규모 투자, 산업의 전환과 재편, 사회적 안전망 구축은 국가가 나서야 가능한 일이기 때문이다. 그런 다음이라야 기업과 시민사회가 국가를 믿고 적극적으로 움직인다.

지방정부의 역할과 로컬뉴딜

지방정부의 역할은 국가의 역할과는 다르다. 그린뉴딜에서 지방정부의 역할은 '지역사회를 움직이는 일'이다. 더욱이 시민의 자발적 공감과 적극적 참여를 얻기 위해서는 지방정부의 역할이 절대적으로 중요하다. 지역사회의 형편과 시민의 상태를 잘 파악하고 있는 지방정부가 각기 특성에 맞는 효과적인 정책을 제 때에 집행할 수 있기 때문이다. 그래야 그린뉴딜 정책이 시민들에게 체감적으로 가 닿고, 또한 시민의 반응을 신속하게 파악하여 정책에 반영할 수 있다. 바로 시민의 체감적 효능감과 정부의 민감한 반응성이 어우러질 때 정책이 지속되는 동력이 생기고 결국 성공에 이를 수 있게 된다.

민선5기 이래 기초자치단체의 혁신정책(마을공동체, 사회적 경제, 혁신교육, 50+, 청년, 도시재생 정책 등)이 경쟁적으로 추진되고, 민선6기 들어 광역자치단체가 관할지역 전역에 확대하면서 혁신정책이 전국화되었고, 결국에는 문재인 정부의 국가 정책으로 대부분 자리 잡았다. 재난지원금 역시 지방정부가 공론을 제기하고 독자적으로 직접 실행에 옮기면서, 중앙정부의 지루하고 답답한 '검토'를 압축적으로 건너뛰고 정책 실시를 견인했다. 불확실성의 시대에 공공정책은 다양한 지방정부의 혁신적인 정책 실험들을 토대로 형성되고 검증되며 확산된다. 지방정부들은 눈앞에서 벌어지는 '절박한' 현장을 가지고 있어 구체적이다. 비록 동원 가능한 자원(재정)은 열악하지만, 집행 가능한 범위에서는 과감하게 움직인다. 바로 지방정부가 혁신의 현장이다. 로컬뉴딜이란 지방정부가 시민과 함께 민관협치를 통하여 그린뉴딜을 추진하는 실행 전략이다.

로컬뉴딜의 원칙

　　지방정부는 그린뉴딜을 추진할 때 꼭 지켜야 할 원칙이 있다. 시민의 참여가 기본원칙이고, 시민의 참여는 지역사회가 필요한 재화와 서비스를 스스로 생산 조달하고 그 과정에서 일자리를 창출하는 '지역순환경제'를 구축하는 것을 목표로 삼아야 한다. 이는 기존의 보조금 공모방식이 아니라, 다양한 주체의 협력과 다양한 자원의 융합을 가능케 하는 새로운 민관 협력의 실천방법을 모색해야 한다.

시민 참여

　　무엇보다 시민의 참여를 최우선의 원칙으로 삼아야 한

다. 참여의 수준은 의견제출 정도가 아니라, 지역에서 가장 절실하고 시급한 서비스가 무엇인지 결정하는 수준으로 나서야 한다. 따라서 시민에게 정책결정의 권한을 부여해야 한다. 그래야 그 참여가 지속된다. 권한 없는 참여는 동원으로 그치고 말기 때문이다. 주민이 자신들이 원하는 것을 직접 결정할 할 수 있어야, "참여하니 나아지더라"는 참여의 효능감이 생겨서 참여가 반복·지속된다. 임기 초 의례적으로 벌이는 '참여 퍼포먼스'에서 머물지 않도록 하려면 무엇보다 '권한 부여' 가 관건이다.

지역순환경제(사회연대경제)

주민들이 결정한 사항을 주민 스스로 직접 실행에 옮길 수 있도록 해야 한다. 지역사회의 주민들이 가장 절실하고 시급하게 여기는 문제를 가장 우선순위에 두고 함께 해결에 나서고, 나아가 필요하다고 결정한 서비스를 주민들이 직접 생산하고 공급하며 이용하는 공동생산자(co-producer)의 역할까지 나아가도록 지원해야 한다. 그래야 지역에서 일자리와 일거리가 만들어진다.

마을공동체가 필요한 재화와 서비스를 직접 생산하고 소

비하는 경제적 시스템으로 진화하고, 사회적 경제(사회적 기업)가 지역사회에 뿌리내릴 때 사회연대경제(지역순환경제)가 실현된다. 그래야 지역의 회복력(local resilience)이 만들어진다. 재난 시대의 지속가능성은 지역의 회복력에 달려있다. 재난이 닥쳐도 그럭저럭 살아지는 힘을 가지려면 지역에 경제시스템이 뿌리내리고 있어야 한다.

융합적 실행 모델

로컬뉴딜로 추진하는 정책이나 사업은 몇몇 활동가들과 전문가들이 겨우 할 수 있는 방식이 아니라, 주민들이 쉽게 참여하고 성과를 누릴 수 있는 방식이어야 한다. 다수의 주민들

---

41) 회복탄력성(resilience)이란 특정 생태계에서 외부 환경의 교란이 발생하여 원래의 안정적 균형 상태를 이탈하는 경우, 이탈로부터 얼마나 빨리 회복할 수 있는가에 대한 수학적인 개념이었다. 이를 개인에게 적용한다면 불행이나 시련을 극복해내는 힘, 자신에게 닥치는 온갖 역경과 어려움을 오히려 도약의 발판으로 삼는 힘으로 설명할 수 있다. 최근에는 이 개념이 세대 내 또는 세대 간 형평을 이루고, 지구환경의 지속가능성을 높이고, 물질 중심적인 팽창을 극복하기 위한 다양한 시도들의 지향점이 되고 있다. 예를 들면 경제민주주의와 사회연대경제, 공유 생산·공유 경제와 사회적 금융, 지역(순환)경제와 주민자치의 활성화, 지역공동체 자산 구축과 지역 재생, 지속가능한 에너지와 로컬푸드, 식량주권 회복 등 다양한 사회혁신운동들은 지역사회에서 회복탄력성(local resilience)을 만들어내는 것을 목표로 삼고 있다(마이클 루이스·팻 코너티, 2015, 『전환의 키워드 회복력』, 미래가치와 리질이언스 포럼 옮김, 따비).

이 참여할 수 있어야 하고, 그래야 성과 있는 결과를 만들 수 있기 때문이다.

그동안 혁신적인 지방정부가 추진해온 많은 정책(사업)의 경험을 토대로 정책(사업)의 모델(시제품, prototype)을 만들고, 복잡하지 않은 실행 매뉴얼을 제작해야 한다. 그리고 필요한 분야의 전문가들이 적극적으로 개입하고, 여러 행정부서들이 가지고 있는 자원을 융합적으로 동원할 수 있는 시스템을 가동해야 한다. 행정의 칸막이를 허무는 '융합적·협업적 사업 방식'(로컬랩)을 사용해야 한다.

최근 10여 년 동안 꾸준히 추진된 마을공동체 정책은 지역사회에 다양한 주민들을 등장시키고 등장한 주민들이 서로 연결되면서, '내 문제'에서 '동네 문제'로 의제를 옮기며 스스로 공공적 주체로 진화하고 있다. 이제는 맘과 뜻이 맞는 이웃 세 사람이 아니라, 맘도 뜻도 맞지 않는 동네 사람들과 함께 도모해야 한다. 그러려면 내가 하고 싶은 것이 아니라 동네 사람들에게 생활에 도움이 되고 혜택이 돌아가는 문제를 걸고 함께 해결해내야 한다. 문제 해결력의 핵심은 융합이다. 행정의 칸막이와 시민사회의 칸막이를 넘어서려면 '문제가 있는 곳에서 문제를 해결하고 싶은 주체가 문제 해결의 솔루션을 가진 자들을 초대하면서 시작'해야 한다.

로컬랩(Local Lab)은 동네에서 기존의 칸막이 부작용을

로컬랩 프로세스

구분	발견 Discover	정의 Define	발전 Develop	검증 Deliver
기간	2개월	1개월	1개월	1개월
내용	지역의 다양한 의견을 심층인터뷰를 통해, 조사하고, 지역의 중요한 문제이지만 아직 해결하지 못한 의제를 찾는다.	지역현황과 다양한 의제를 1차 분석하고 구조화하여 지역의 핵심문제를 선정한다.	선정된 문제를 당사자 중심의 문제해결 방식으로 해결모델을 개발한다.	가상모델을 구체화하기 위해 필요한 영역의 전문가 워크숍을 통하여 실현가능한 솔루션 프로세스를 도출한다.
방법	· 지역현황 기초조사 · 찾아가는 공론장 · 분야별 대상 인터뷰 · 인터뷰 정리	· 의제 정리 워크숍 · 마인드맵 · SWOT 분석 · 브레인스토밍 · 우선순위 정하기	· 의제 관련 정보 분석 · 당사자 모집 · 선정 · 당사자 심층 발견(당사자 탐구/섀도잉/페르소나) · 롤플레잉 (서비스 연계체험, 가상서비스 마련, 주민인터뷰)	· 이해관계자 지도 · 전문가 워크숍 · 실천계획 수립(사업주제(목적)/실행과제/실행예산/실행조직 제안) · 주민 검증
핵심 키워드	· 찾아가는 공론장 · 문제 발견	· 문제 정의 · 주민 합의	· 문제 심화 분석 · 차별화된 실질적인 솔루션 도출	· 실행계획 수립 · 주민 동의

---

42) 유창복, 2020, 『시민민주주의』, 서울연구원, pp.407~417 참조

극복하고, 주민이 나서서 융합적 솔루션을 만들고 지속가능한 실행체(조직)를 만드는 것을 목표로, 동네에서 주민들이 직접 시도해 볼 수 있는 실행 모델이다. 문제의 발견과 정의, 해법의 발견과 확정이라는 네 단계 절차로 이루어진다.[42)]

'로컬뉴딜' 핵심사업

시민이 참여하고, 그 참여의 수준은 의견 제출을 넘어 정부가 제공하는 정책의 수혜자, 서비스의 소비자를 넘어 서비스를 직접 생산하고 공급하는 이른바 공동생산자(co-producer) 수준으로 나아가야 한다. 그래야 지역에서 일자리가 만들어지고, 주민의 필요와 욕구가 주민의 결정으로 전환되고, 주민이 결정하면 자원을 배분할 수 있는 권한이 따르게 된다. 로컬뉴딜은 시민의 참여가, 풀뿌리 민주주의가 굳건히 자리 잡는 방향으로 추진되어야 한다.

또한 로컬뉴딜은 탄소 절감, 불평등 완화와 사회적 안전망 구축, 일자리 창출이라는 그린뉴딜의 목표에 철저히 부합하도록 추진되어야 한다. 기후위기는 코로나보다 훨씬 강력하게 충격을 줄 것이고, 일상적 재난 상황 속에서 이웃들과 함께 살아갈 수 있도록 일상을 재구축해야 한다. 그러기 위해서는 지역사회에 로컬 인프라가 깔리고 인적·물적 자원이 대대적으로 투입되어야 한다. 이하에서는 풀뿌리 민주주의와 지역순환경제를 구축하고 기후위기를 극복하기 위해, 지역에서 지방정부와 시민들이 협력하여 추진해야 하는 핵심사업 아홉 가지를 검토한다.

근린공원과 마을 정원

코로나19가 장기화되면서 비대면이 강제되고, 생활방역으로 전환되어도 3밀(밀집, 밀착, 밀폐)을 피하는 일은 기본적인 생활수칙이다. 집안에 갇혀 지내지 않더라도 대면적 교류는 줄어들게 되어 갑갑증을 호소하거나 무기력해지고 우울감에 빠지기도 한다. '근거리에 쉽게 접근이 가능한 안전한 휴식 공간'이 절실하다. 밀폐되지 않고 안전한 거리두기가 가능한 옥외공원과 동네 쉼터, 산책로와 등산로, 체육시설 등이 집에서 가까운 지역에 있어야 한다. 코로나 이후 시대에, 이런 공간(시설)들은 거리두기를 하면서도 일상생활의 활력을 얻기 위해서는 매우 핵심적인 건강·생활 인프라가 될 것이다.('숲세권')

지난 6월 서울시는 도시계획공원 지정 일몰제에 처한 부지를 지역공원 구역으로 다시 지정하여 실효되는 것을 막았는데, 이 부지들을 도시지역의 근린공원으로 개발해야 한다. 토지 수용에 따르는 막대한 예산이 필요하므로 지방재정이 안 되면 국가재정으로라도 감당해야 한다. 또한 트러스트운동처럼 시민참여를 통해 공유자산화(the commons)도 시도해봐야 한다. 이들 공원의 관리는 마을관리소, 마을관리협동조합, CRC 등에게 위탁하여 장기적으로 마을 자산으로 기능하도록 유도해야 한다. 또한 최근 도시농업은 단지 채소 등의 먹거리만 심어 키우는 것이 아니라, 과수와 꽃나무들과 함께 어우러지도록 하여 '먹거리 숲'(food forest)을 조성하여, 동네의 커뮤니티 공간으로 활용하는 추세라고 한다. 이른바 '마을 정원'의 역할을 하도록 하는 것이다.

서울시 전역에 고르게 퍼져있는 1,000여 개의 어린이놀이터를 (가칭) '기적의 숲 놀이터'로 전환하고, 도시농업과 마을 정원 등의 생태적인 콘텐츠로 채운다면 지역사회에서 접근성이 높고 다양한 세대가 어우러지는 근린시설로 자리매김 될 수 있다. 특히 놀이시설이 제대로 관리되지 않고 안전에 문제가 있어서 방치된 어린이놀이터의 경우에는 인근 주민들의 민원의 대상이 되기도 하는데, 이런 어린이놀이터부터 생태놀이터나 마을 정원의 개념으로 전환한다면 매우 요긴한 마을 쉼터가 될 것이다.

이렇듯 근린공원과 동네놀이터를 도시 숲과 도시농업, 마을체육활동이 결합된 활기찬 도시 쉼터로 리모델링하여, 주민자치회가 중심이 되어 주민들이 프로그램을 주도하고 관리할 수 있다. 그러면 주민들은 숲, 공원 관리자 및 프로그램 진행자, 마을 강사 등의 역할을 하면서 마을일자리 또는 일거리를 얻게 된다.

공공의료와 커뮤니티 케어

'로컬 공공의료체계'를 강화해야 한다. 이미 증명되었듯이 K-방역이 성공할 수 있었던 토대는 의료보험제도와 공공의료체계였다. 또한 많은 의료인들의 헌신적인 노력이 있었기에 가능했다. 하지만 일상적 재난 시대에는 역부족이다. 2차 팬데믹이 닥치기라도 하면 지금의 방역시스템으로는 감당하기 어려울 것이라는 지적이 있다. 우선 병상이 더 확보되어야 한다. 대형 병원에 한꺼번에 많은 병상을 설치하는 것은 집단 감염의 위험이 있으므로 지역(로컬)으로 분산하여 배치해야 한다.

영리병원들은 수익성을 이유로 병상을 추가 설치하기가 여의치 않으므로 공공병원을 지역별로 추가 설립하고 적정 규모의 병상을 확보해야 한다. 요양원, 요양병원 등도 마찬가지로 소규모로 지역사회에 분산 배치해야 한다. 또한 의료인의 수급 역시 비상이다. 현재 방역에 투입된 의료 인력은 이미 소진 상태여서, 의료 인력을 추가 배치해야 한다. 우선 향후에 필요한 적정한 의사 수요에 맞추어 의사의 수를 늘려야 하는데, 공공병원의 증설 계획이 선행되어야 한다. 간호사 역시 증원이 필요한데 단시간에 의료 전문 인력을 양성하기란 불가능하므로, 현역 간호사들에 대한 적절한 처우와 근무조건을 확보하는 것이 우선이며, 그 다음에 퇴직 간호사들이 방역의료 현장에 복귀할 수 있도록 유도해야 한다.

이렇게 로컬 단위로 병상 확보, 의료인 배치, 긴급의료체계 등의 공공의료 체계를 촘촘히 확대 구축하는 것이 선결 과제이지만, 이것만으로는 부족하다. 지역사회에서 주민들이 참여하는 방역-보건-생활지원 시스템을 병행해서 구축해야 한다. 무엇보다 동네 단위로 이웃들을 상호 돌보는 커뮤니티 케어 시스템이 구축되어야 하며, 분산형 공공의료체계와 협력체계를 구축해야 한다.('의세권')

공공병원의 증설과 공공의료 인력의 증원은 현실적으로 빠른 시간에 추진하기는 어렵다. 또한 가능하다 해도 증설·증원된 공공의료체계를 유지하는 데에는 많은 재정이 투입되기 때문에 효율적인 규모를 고려하게 된다. 즉 발생 빈도가 높지 않은 최대 수요치에 대응한 체제를 확보하고 운영하려면 비용부담이 크다. 따라서 최대 수요치를 밑도는 평균적인 수요상황에서 필요한 적정 규모를 유지하면서도, 수요가 급등하는 긴급 상황에 대처할 수 있는 보완대책을 통해 탄력적인 시스템을 구축하는 것이 바람직하다. 탄력적인 보완대책이 바로 마을돌봄망과의 공조체제이다. 특히 마을돌봄망은 코로나 바이러스에 취약한 기저질환자와 폭염 등에 취약한 노인에 대하여 동네 단위로 비상연락과 안부를 챙기는 돌봄망을 구축함으로써 공공의료체계를 보완해야 한다. 또한 방역-보건-의료 전달체계와 일상적인 돌봄-생활지원 서비스 전달체계를 통합하고, 이를 지역사회에서 마을 주민들이 직접 참여하는 융합적 서비스 전달체계로 재구성하여 종합적인 '마을돌봄망'을 구축해야 한다.

동네 단위 커뮤니티 케어의 핵심 거점은 보건소다. 주민 참여형 보건소 정책을 확대하여, 경로당과 마을 커뮤니티 공간들을 연계하는 동별 건강지원 공간을 마련하여 운영할 필요가 있다(경로당 복합화 연계). 여기서 거동이 불편하고 근력이 떨어진 어르신들을 위한 낙상예방교육 프로그램, 어르신 보행활동을 촉진하는 (IT기술 접목한 포인트 지급 등) 프로그램을 운영한다. 주민들은 일상생활 지원 서비스와 건강 지원 서비스 제공자로 활동을 하거나, 좀 더 전문적인 케어 플래너(care planner) 및 케어 매니저(care manager) 역할을 통해 동네 일자리, 일거리의 기회를 가질 수 있다.

그린 리모델링

탄소배출의 주요 원인 중의 하나가 건물의 에너지 비효율성이다.[43] 특히 신축한 지 20~30년이 지난 주택들은 대부분 단열 시공이 되어있지 않아 그린 리모델링이 필요하다.[44] 우선 행정이 손쉽게 추진할 수 있는 공공건물에 대하여 탄소배출량 한도와 이행 강제의 개시 시한을 정하고, 상응하는 과감한 인센티브와 규제책을 사용해야 한다. 실제로 뉴욕시의 경우, 탄소배출 한도를 조례로 정하고 그린 리모델링 비용을 지원함과 동시에 기준 미달 시 강력한 페널티를 물리는 제도를 시행하고 있다.

주택의 경우에는 도시재생사업과 연계하여 대량으로 그린 리모델링을 할 수 있다. 현재는 개인의 사적 소유물인 주택의 개량에 공공보조금을 지원할 수 없다고 하지만, 탄소배

---

43) 서울의 경우 온실가스 배출량은 건물이 68.2%(31,851천t)를 차지하고, 다음으로 수송 부문이 19.4%(9,063천t), 폐기물이 6%(2,793천t)를 배출한다.
44) 서울에서 30년 이상 된 노후 건물이 전체 60만동 중 26만동으로 44%를 차지한다.

출 저감이라는 공적 목표를 위해서 주택에 대한 대규모 그린 리모델링을 공공정책으로 추진할 필요가 있다. 서울시가 추진하고 있는 〈가꿈주택〉 정책은 이미 개인 소유의 주택을 개량하는 목적으로 보조금을 지원하고 있어, 이를 적극적으로 확대 실시하면 가능하다. 그리고 리모델링 시공 시에 자연재난에 대비한 내진 장치를 보강하거나, 노인들에게 치명적인 낙상 방지용 안전 시공(턱 제거, 논 슬립 부착, 가이드바 설치 등)을 곁들인다면 비용을 절감하면서 주거복지 수준도 함께 높일 수 있다. 아울러 벽면 녹화 및 골목 가드닝과 연계하여 동네 경관 개선을 통해 실질적인 환경 개선 효과와 가시성을 높이면 정책의 효능감을 제고할 수 있다. 이런 주택 개선 시공은 대기업보다는 지역의 중소 설비업자와 건설노동자들에게 적합한 일거리로서, 지역 기반의 주택설비협동조합 또는 마을관리기업을 설립하여 이들이 수주할 수 있도록 하여 일자리와 일거리를 창출하도록 한다.

서울시는 지난 7월 초에 서울형 그린뉴딜 정책을 발표했는데, 그 중 '그린 빌딩'의 부분을 살펴보면 전향적인 정책을 담고 있다.[45] 주요 내용만 옮겨본다. 첫째 노후 건물에 대한 대규모 공공 그린 리모델링 사업을 추진한다. 1,532개소 달하는 공공 건물은 물론이고, 저층 주거지 노후 주택에 대해서도 〈서울가꿈주택사업〉의 대상을 확대하고 에너지 효율화 개선을 추가하는 방식으로 추진한다. 민간 소유의 건물에 대해서는 제로 금리 융자를 지원한다. 둘째 신축 건물에 대해서는 단계적으로 강화된 제로 에너지 건물(ZEB, Zero Energy Building) 의무화를 추진한다. 공공 건물은 정부보다 3년 당겨 2022년까지 실현한다는 목표다. 대형 건물이나 공동주택 등 민간 건물에 대해서도 2024년까지 의무화한다는 방침이다. 셋째, 대형 상업 건물 등 에너지 다소비 사업장과 공공 건물부터 '건물 온실가스 총량제'를 우선 도입하고 단계적으로 확대한다. 2021년부터는 에너지 다소비 건물의 경우 에너지 소비량을 온실가스 배출량으로 환산하여 공개하기로 했다. 넷째, 건물 '에너지 효율등급인증'을 의무화하여 에너지 성능이 낮은 건물의 효율 개선을 추진한다. 아울러 부동산 거래 시 에너지평가서 첨부를 의무화하고 그 적용 대상을 확대해 가기로 했다.

아동청소년 학교—마을 연계 돌봄체제

학교와 가정이 오랜 시간 동안 역할분담해온 시스템이

---

45) 서울시 그린뉴딜 추진을 통한 2050 온실가스 감축 전략기자설명회, 2020/07/08, http://tv.seoul.go.kr/new/src/onair/vod_about.asp?cid=133813.

코로나19의 장기화로 일거에 깨졌다. 학교에서 여러 아이들이 종일 함께 지내는 것이 위험한 것은 맞지만, 그렇다고 아이들이 집에 '처박혀서' 몇 달을 지내야 하는 일은 더 이상 가능해 보이지 않는다. 이제 마을 단위의 분산형 돌봄시스템을 강구해야 한다.

맞벌이 부모거나 한 부모 가정의 경우에는 아이들이 돌봐주는 사람 없이 하루 종일 홀로 지내기도 한다. 집 안에 갇혀(?) 지내거나 방치되는 것이다. 컴퓨터나 와이파이가 여의치 않아 재택 원격 수업도 제대로 할 수 없는 경우도 있다. 곁에서 도와주는 사람이 없어 홀로 원격 수업을 따라가기 버거워도 방법이 없다. 구로구 천왕동의 아파트 단지 내 마을도서관에서는 원격 수업 시간에 아이들이 도서관을 이용하도록 개방하고, 마을교사가 아이들을 챙기고 있었다. 학교가 원격수업 지원반을 운영하고 있지만 수용 공간에 비해 신청자가 많아 들어갈 수 없는 아이들을 위해 지자체와 마을기관, 학교 3자가 협력하여 마을학교를 개설한 것이다. 곁에서 가끔 살짝만 도와줘도 아이들은 원활하게 원격수업에 잘 적응한다니 부모들의 만족도가 높다.

학교에도 갈 수 없고 집에만 있을 수도 없는 아이들을 안전하게 돌보려면 결국 동네에서 지역에서 챙겨야 한다. 지역에 크고 작은, 옥내 옥외의 여러 공간(시설)을 다양하게 활용하여

3밀(밀착, 밀폐, 밀착)을 피해 분산형으로 놀이와 학습을 할 수 있도록 해야 한다. 이미 서울, 경기를 비롯하여 전국에서 마을학교, 마을교육공동체 정책이 시행되고 있다. 아직 그 성과가 나오기는 이르고 많은 시행착오로 힘들어 하고 있지만, 이제 제대로 된 마을학교, 마을교육공동체를 만들어야 한다.

오히려 외부에서 들이닥친 위기의 시간이라서 부작용을 뛰어넘어 성과를 앞당길 수도 있다. 옥외에서 소규모로 분산하여 진행하는 프로그램과 마을도서관, 마을놀이터, 마을공원, 마을시장 등 환기가 가능한 로컬 거점 시설을 이용하는 프로그램을 대폭 확충해야 한다. 마을에서 활용 가능한 프로그램과 공간 등의 자원을 조사한 마을놀이·학습 '지도'를 제작하고 놀이·학습 환경을 개선하는 사업을 조속히 추진해야 한다. 물론 방역관리와 놀이·학습 프로그램을 기획하고 진행하는 인력이 대폭 늘어야 한다.[46] 주민들은 놀이 이모, 놀이 삼촌, 방과후 코디네이터 등 지역사회의 돌봄서비스 업무를 담

---

46) 도서관, 복지관, 경로당 등 공공의 공간 역시 무조건 '폐쇄' 조치를 할 것이 아니라, 방역담당 인력을 배치하여 생활안전 수칙(3밀)을 철저히 지키도록 하면서, 적정 인원의 한도를 정하여 부분·제한적으로 개방할 필요가 있다. 도서관이 폐쇄되면 이른바 풍선효과로 사람들이 오히려 관리되지 않아 더 위험할 수도 있는 카페로 몰리듯이, 폐쇄가 오히려 관리되지 않은 공간으로 사람들을 밀어내어 감염의 위험을 높일 수도 있기 때문이다.

47) 한국폐기물자원순환학회. 2018년. 「자원순환경제 도입을 위한 추진계획 마련 연구」. 국립환경과학원. 1쪽

당함으로써 일자리, 일거리 창출에 기여한다.

폐기물과 자원순환

폐기물이란 이제 매립·소각하여 폐기해버리는 것이 아니라, 다시 새롭게 사용할 수 있는 소중한 자원으로 여기고 자원순환의 고리를 만들어 빈틈없이 재사용해야 한다. 오늘날의 산업자본주의는 자원은 무한하다는 전제 아래 인간 노동의 투입을 절감하는 방향으로 혁신을 추구했다. 그래서 자원을 채굴한 후 사용하고 버리는 경제 구조를 장기간 지속해왔다. 하지만 자원이 고갈되고 폐기물이 자연생태계를 교란하는 수준에 달해 그 폐해가 심각해지자, 그 반성으로 폐기물을 다시 자원으로 전환하는 '순환경제'(circular economy)가 대두되었다. 그러나 우리나라는 몇 번의 재활용 후 자원을 폐기하는 '재활용경제'(recycling economy), 수준에 머물러 있다.

완전한 순환경제란 투입된 자원이 모두 재활용되어 처분(매립) 또는 소각이 되지 않는 것을 의미한다.[47] 이를 위해서는 재활용의 양과 질을 높이는 것이 관건이다. 무엇보다 가정 등에서 애초에 재활용이 용이한 상태로 배출해야 한다. 그러나 우리나라와 같이 여러 종류의 폐기물을 대량 배출하고 지방자치단체가 한꺼번에 수거해서 한꺼번에 선별하는 체계에서는 다양한 종류의 폐기물끼리 서로 섞이기 때문에 재활용을 하더라도 자원으로서의 가치가 떨어질 수밖에 없다.[48] 배출 단계에서부터 이물질 혼입, 오염 등 재활용이 어려운 상태로 수거되어 선별시설로 운반되기 때문에, 사람의 손으로 일일이 골라내는 수선별(手選別) 공정에서는 정확한 선별을 통해 재활용품 질을 높이는 데 한계가 있다.[49]

무엇보다 분리배출을 제대로 해야 재활용 처리가 용이한데, 분리배출을 철저하게 유도하려면 분리수거가 철저해야 한다. 즉, [분리배출] ⇨ [분리수거] ⇨ [재활용 처리]의 자원순환 시스템에서 분리수거가 제일 중요한 길목이라는 것이다. 그리고 수거는 배출장소인 주택들과 가까운 곳에서 이루어져야 관리가 용이하므로 동네마다 소규모로 설치되는 것이 바람직하다. 도시의 경우 2만 내외의 주민이 거주하는 동(洞)마다 2~3개 정도의 분리수거 처리장이 있으면 좋다. 이미 재활용정거장, 자원순환가게, 클린하우스 등 시범모델을 운영해 본 경험이 있으며, 이들 사례를 주거지의 특성별로 업그레이드 표준화하여 실시할 수 있다.

골목길에 그냥 노출되는 방식의 재활용정거장의 경우 미관상 좋지 않고 적치관리도 깔끔하지 않아 동네 민원의 대상이 되기도 한다.[50] 재활용센터처럼 별도의 건물로 설치하면 좋지만 여의치 않을 경우에는 디자인이 접목된 컨테이너 설비를 활용하는 방안도 무방하다. 외관이 깔끔해야 하고 특히 냄새가 나지 않도록 하는 것이 중요하다. 또한 대형세탁기와 건조기 또는 복사출력기를 설치하여 분리배출 거점으로 누구나 쉽게 이용할 수 있도록 함으로써, 동네의 공유 공간으로 자리 잡아가도록 하도록 유도하면 좋다. 분리수거 처리장마다 2~3명의 활동가들이 관리업무를 담당한다면 상당한 마을일자리를 창출할 수 있다. 이들 활동가들은 분리수거 처리 업무뿐만 아니라, 분리배출 교육자로서도 활동할 수 있다.

---

48) 우리나라는 재활용품 선별율과 실질 재활용률에 대해 정량적 평가가 가능한 통계나 조사가 애당초 없다. 국가 폐기물 통계가 있긴 하지만 선별 시설로 반입되는 재활용 쓰레기양을 기준으로 하기 때문에 선별 후 재활용률에 대한 통계로 보기는 어렵다. 더군다나 선별시설을 직접 운영하는 지방자치단체가 거의 없고, 민간에 시설 운영을 위탁하거나 민간시설에 재활용품 처리를 완전히 위탁하고 있는 상황에서 재활용의 질 제고를 위해 공공정책이 개입할 수 있는 여지도 매우 적다.

49) 한 자치구의 선별 시설을 조사한 결과 선별장으로 입고된 혼합 재활용품에서 유가품 선별률은 약 38.85%에 불과한 것으로 나타났을 정도로 현재의 폐기물 관리 시스템 하에서 순환경제 실현을 기대하기란 어렵다 (김주신·박대원, 「국내 재활용품 선별시설에서 선별 현황 및 개선방안」, 《유기물자원화》 (유기성자원학회, 2017) 15쪽

50) 자원순환가게 '신흥이re100'을 성남시와 협력하여 운영 중인 성남환경운동연합 김현정 사무국장은 미래자치분권연구소와의 인터뷰에서 "거점이라는 것이 단순히 시설 하나 만드는 것이 중요한 것이 아니고 어떻게 관리할 것이고 어떤 수거 체계로 운영할 것인지 등에 대한 명확한 계획을 가지고 있어야 하는데, 그런 것들이 빠져있기 때문에 문제가 생기는 것"이라는 의견을 밝히기도 했다.

로컬 모빌리티

내연기관 자동차에서 배출되는 매연이 탄소배출의 높은 비중을 차지하고 있으며, 특히 도심에서는 일상생활을 위협하는 미세먼지의 주요 원인이기도 하다. 더욱이 코로나19 바이러스는 폐 기저질환자에게 치명적이며, 미세먼지는 폐질환을 유발하기 때문에 서울시민들에게는 1순위 해결과제이다.

우선 내연기관 자동차를 퇴출해야 한다. 그러려면 자동차를 이용하지 않고 걸어 다녀도 별 불편이 없는 '보행친화도시'로 전환해야 한다. 그래야 자동차 운행의 절대수를 줄일 수 있다. 동시에 자동차 이용이 불가피한 경우에는 대중교통을 이용하도록, 버스를 전기버스로 전면 교체하고 지하철과 함께 쾌적한 대중교통체계를 구축해야 한다. 특히 마을버스를 우선적으로 전기버스로 신속하게 전환할 필요가 있다. 또한 서울의 경우 현행 대중교통망이 시내 진입을 중심으로 설계되어 있어, 권역 내 이동에 불편을 겪는 동북권, 서북권 등 강북지역에서 우선 '권역별 공영순환 전기버스 시스템' 실시할 필요가 있다.

무엇보다 도심의 도로 체계를 자동차 중심에서 보행자 중심으로 전환해야 하는데, 우선 도로 다이어트를 실시하고 자전거 전용도로를 확충해야 한다. 자전거도로의 단절 구간을 없애 연결성을 높이도록 해야 한다. 자전거의 주행성과 안정성을 동시에 높이기 위한 도로설계가 중요하다. 구간의 조건과 교통 환경에 따라, 자전거 전용도로, 자전거 전용차로, 자전거·보행자 겸용도로 등 효과적인 설계가 활용되어야 한다. 경우에 따라서는 기존의 차도와는 별개의 입체적인 전용도로도 검토할 필요도 있다. 자전거 전용 고가도로나 기존 구축물 상부에 자전거 전용도로를 설치하는 방안이다. 그밖에도 노상 및 건물 내 자전거 주차시설 확보, 관련 보험 체계 정비 등의 과제도 챙겨야 한다.

주거지대에서도 보행친화적 골목길 정비사업을 대대적으로 벌이고, 이를 주민참여형 소규모 재생사업으로 정책화함으로써 지역사회 주민들의 참여를 촉진해야 한다. 또한 따릉이 시스템을 동네 단위로 확대해야 하고, 동네마다 '따릉이협동조합'을 설립하여 따릉이 관리와 자전거 보수를 할 수 있도록 한다. 특히 자전거는 아동청소년들을 위한 마을교육 프로그램으로 매우 효과적이며, 어른들의 건강관리 프로그램으로도 적절하다. 따라서 주민들은 소규모 재생사업에 참여하거나, 자전거 강사나 프로그램 운영자로 활동할 수 있으며 따릉이협동조합에서 다양한 일거리를 창출할 수 있다.

로컬푸드 플랜

지금 전 세계적으로 푸드 플랜(food plan)이 부상하고 있다. 지방정부 차원에서 푸드 플랜이 수립되고 있으며 한국에서도 점차 확산되고 있다. 푸드 플랜은 먹거리의 생산, 공급과 유통, 폐기물 관리, 식생활과 영양, 사회적 가치의 실현, 정책 실행을 위한 거버넌스 구축 등 지방정부가 세우는 종합적인 먹거리 정책의 가이드라인이다. 푸드 플랜의 목표는 지역공동체를 강화하고, 지역사회의 지속가능성을 높이고, 시민건강을 증진하며, 먹거리의 사회적 가치를 실현하는 것 등으로 이루어진다. 주요 정책수단은 먹거리 거버넌스 구축, 공공조달의 확대, 먹거리에 대한 시민사회의 역량 강화로 구성된다.

〈지속가능성을 위한 세계지방정부, 이클레이(ICLEI)〉는 2013년부터 City Food 분과를 만들고 회복력 있는 도시지역 푸드 시스템, 도시농업, 근교농업에 대한 인식을 국제적으로 증진시켜 왔으며, 국내에서는 2015년 서울특별시가 '먹거리 종합 마스터플랜', 경기도가 '먹거리 비전 2030'을 수립했고 충청남도는 푸드 시스템 관점에서 '지역 순환 농산품 체계 구축 연구'를 수행했다. 기초지자체에서는 전주시가 전주시 농업농촌발전계획의 일환으로 '전주 푸드 플랜'을 수립하여 실시하고 있으며, 서울 서대문구가 도시형 푸드 플랜 사업을 추진하고 있다.

로컬푸드 플랜은 학교와 어린이집 등 공공 급식을 중심으로 지역사회 단위로 안정적으로 식자재를 가공하여 공급하는 설비와 서비스 시스템을 운영한다. 또한 대규모 공장식 축산이 보편화된 오늘날, 가축들이 방출하는 메탄가스는 이산화탄소보다 몇십 배 높은 온실효과를 유발한다. 최근 청년층들의 채식 선호가 급격히 늘어가고 학교 급식에서도 학생들의 채식 선택권을 보장하기 시작했으며 점차 확산되는 추세이다. 이렇듯 로컬푸드 플랜은 '채식과 급식의 지역 단위 공급체계'를 만들어 식량위기 시대에 안전하고 안정적인 로컬 먹거리 체제 구축하는 것이다.

도시가구와 농촌가구를 연결하여 농수축산품 직거래를 활성화하고 안정적인 유통망을 구축하여 도농상생의 순환고리를 만든다. 또한 소규모 식자재 처리시설과 음식물 폐기물을 모아 비료화 하는 장치도 설치하여 지역사회가 직접 운영하는 것이다. 이러한 시스템 곳곳에서 주민들이 참여하여 일자리와 일거리 만들어낸다.

가상발전소[51]

| 소비 절약과 시민참여 |

탄소배출을 줄이기 위해서는, 화석연료(선탄과 석유)를 태워 전기를 생산하는 과정에서 탄소가 발행하므로, 무엇보다 에너지 소비 자체를 줄이는 일이 기본이다. 가정과 사무실, 산업 현장 등 각각의 소비현장에서 낭비를 줄이고 저에너지 생활을 습관화해야 한다. 우선 가정에서는 개인적인 절약을 호소하기보다는 지역사회에서 이웃관계망을 통하여 조직적으로 참여하도록 유도하는 것이 효과적이다. 특히 아파트 지대에서는 공용시설 관리를 담당하는 관리사무소를 활용하여 아파트 단지 차원에서 동별로 절약행동을 활성화하면 공용 용도의 전기를 절약할 수 있어서 효과적이다.

1단계로는 가볍게 공동행동의 물꼬를 트는 방안으로, 아파트 전기 기본요금 낮추기 캠페인을 벌이는 방안도 효과적이다. 전기요금은 전체 평균사용량을 기준으로 모든 세대에 일률적으로 적용되는데, 공용전기는 물론 전기를 과다하게 사용하는 세대들이 전기사용량을 줄이면 전체 세대의 기본요금을 낮출 수 있어 짧은 시간 안에 눈에 보이는 성과를 경험

---

51) 유창복 , 2020, 『시민민주의』, 서울연구원 , pp.400~405 에서 재구성

할 수 있다.

| 수요반응제도 |

2단계로는 본격적인 절약활동으로서 전력시장의 수요반응제도(DR, Demand Response)를 활용하는 것이다. 이는 전기 사용자가 전력 가격이 높을 때나 또는 전력 계통(전력을 생산하는 발전설비, 생산된 전력을 수송하고 분배하는 송전선로, 변전소, 배전선로 등 일련의 전기설비)이 위기 상황일 경우 절약한 전기를 전력시장에 판매하고 금전으로 보상받는 제도로서 한국전력거래소(KPX)가 주관하는 사업이다. 전 기를 절약하는 만큼 수익으로 돌려받을 수 있다는 점에서 주민들이 절약운동에 참여하는 데에 강한 동기를 줄 수 있다.

1단계에서 절약 활동의 소소한 성공적인 경험이 쌓이면 본격적으로 '신뢰성' DR 프로그램을 도전해 보는 것이다. 에너지 사용감축 약정을 맺고 전력피크 시에 약정한 감축목표를 달성하는 것이다. 이는 1년 내내 감축활동을 해야 하는 것이 아니라, 1년에 몇 차례 피크 시에만 집중적인 절약활동을 하는 것이므로 2단계 목표로 도전할 만한 과제이다.

3단계에서는 피크 시에만 절약활동을 집중하는 것이 아니라, 연중 내내 일상적으로 절약활동을 체계적으로 하여 절약된 에너지를 충전장치(ESS)에 비축했다가 판매하는 '경제성' DR 프로그램에 참여하는 것이다. 그렇게 되면 에너지 절약만으로 수요자원을 만드는 것에 더해, 더욱 적극적인 방법인 태양광을 직접 설치해서 전기를 발전시켜 수요자원을 생산을 하는 것이다.

| 분산—네트워크형 가상발전소 |

이렇게 해서 에너지의 절약과 직접 생산을 통하여 실질적인 발전소의 역할을 하는 것이다. 거대한 발전소 건물과 설비없이도 발전소의 역할을 하는 '가상발전소'가 되는 것이다. 가상발전소는 시군구 단위로 건립하되 읍면동별(아파트 단지별)로 소발전소가 조직되고, 이들 소발전소들이 플랫폼으로 연결되는 분산—네트워크형 모델이다. 소발전소의 설립과 운영 즉 에너지 절약과 생산 활동을 읍면동 주민자치회를 중심으로 벌여감으로써 다수 주민의 참여를 가능하게 할 수 있다. 또한 그 결실(수익)을 읍면동 주민들의 복지와 일자리를 위해서 사용하는 데에도 주민자치회가 공식적인 역할을 담당하도록 하는 것이 바람직하다. 이 과정에서 주민들은 에너지 진단사, 에너지 데이터의 관리, 재생에너지 발전설비(태양광, 풍력 등)의 설치와 관리 등의 일자리를 만들 수 있다.

지역화폐와 지역 경제

　지역화폐는 꽤 오래 전부터 여러 지역에서 실험적으로 시도되었지만 제대로 안착된 사례는 그리 많지 않았다. 하지만 최근 코로나19를 계기로 재난지원금을 지역화폐로 지급하면서 아주 활성화되고 있다. 더욱이 재난지원금의 지급을 담당하는 기초자치단체가 나서서 주도하면서, 지역화폐가 시군구 수준의 범위에서 사용되자 파급력이 커지고 나름의 규모 효과까지 내고 있다.

　지역화폐를 통해 기대할 수 있는 효과를 요약하면 '지역순환경제'의 구축과 '지역공동체' 강화라고 할 수 있다. 첫째, 지역화폐를 매개로 지역 내 상품과 서비스 거래가 촉진되며 이를 통해 지역경제가 활성화되고, 따라서 소득이 늘고 일자리가 늘어날 수 있다. 지역 내 유통이 활발해지면 생산 활동을 촉진시키게 되어 추가적인 일자리를 창출하는 효과도 기대할 수 있다. 또한 지역화폐는 재화와 서비스 유통뿐만 아니라 유통에 참여하는 사람들 사이의 관계를 연결하는 역할을 하게 되어, 지역사회의 사회적 자본이 두터워지는 무형의 경제 효과 역시 상당할 것으로 보인다. 즉, 지역화폐는 지역순환경제의 구축을 촉진한다고 할 수 있다. 둘째, 지역화폐는 지역사회의 충족되지 않은 욕구들을 국가와 시장에 의존하지 않고, 지역사회 내부에서 해결하려는 노력으로서 주민들의 정치적 자율성과 자치 역량을 높인다. 또한 경제공동체로서 지역 내 응집성을 높이고 네트워크 형성을 촉진하므로 지역화폐는 필연적으로 지역공동체 형성 및 강화에 도움이 된다.

이렇듯 지역화폐는 지역순환경제와 지역공동체 강화에 기여하지만, 반대로 지역사회에서 공동체적 관계를 토대로 하는 지역순환경제가 형성되어 있을 때 가장 활성화되기도 한다. 지역사회의 규모는 시군구 수준일 때 지역화폐로서의 규모 효과가 가장 잘 발휘되며, 기초자치단체의 참여도 용이하다. 지역사회의 공동체적 역량은 이미 민선5기부터 시작된 마을공동체와 사회적경제, 도시재생 등의 다양한 혁신정책을 통해 최소한의 기반은 형성되고 있다. 하지만 지역순환경제는 이제 몇몇 실험적 시도들이 시작된 정도로 앞으로 이루어가야 할 과제다. 물론 이 과제는 지역사회와 공동체의 주요 행위자인 지방정부와 시민사회가 민관협력을 통해 만들어 가야한다. 지금까지 민관협치는 마을공동체 정책의 연장에서 사업의 종류가 좀 다양해지고 규모가 좀 커진 정도에 불과했다. 하지만 이제는 지역경제공동체(지역순환경제) 형성이라는 보다 큰 비전을 가지고 로컬뉴딜이라는 융합적 정책 방향(수단)을 견지하며 추진해야 한다. 여기서 지역화폐는 민과 관이 협력적 방식으로 로컬뉴딜을 추진해 가는 데 매우 요긴한 지렛대로 활용될 수 있다.

지역화폐가 지역순환경제의 중요한 축이 될 수 있지만 전부는 아니다. 살림살이에 필요한 것은 화폐 자체가 아니라 다양한 욕구를 충족시킬 수 있는 재화와 서비스에 있기 때문이다 (김성훈, 2019)[52]. 결국 지역 내에서 필요한 재화와 서비스를 만드는 것이 지역순환경제를 위한 전제 조건이 된다. 물론 모든 것을 지역 내에서 자급자족해야 한다는 폐쇄적 자립경제를 의미하는 것은 결코 아니고, 글로벌 경제, 국민경제라는 큰 틀에서 지역순환경제는 당장은 보완적 역할을 담당하는 것으로 보면 된다. 따라서 핵심적인 영역은 지역마다 차이가 있겠지만 일부 생활필수품의 생산과 유통, 돌봄 영역의 사회서비스 생산·공급이 중심이 될 것이다. 그렇다면 지역에서 이 생산능력을 확보하는 것이 필요한데, 우선 영세자영업과 골목상권을 살리고 다음으로 사회적경제(기업) 활성화를 통해 추진하는 것이 바람직하다.

이들 생산·공급자가 지역 경제의 주체로 버텨내려면 지역사회 시민들의 구매력을 동원해야 하는데, 분산된 소비자가 아니라 '조직된 소비자'로 묶여야 가능하다. 소비자가 조직되는

---

52) 김성훈, 2019년, 「지역화폐, 한밭레츠 그 이후」, 『문화과학 2019년 가을호(통권99호)』, 문화과학사

데에는 공동체적 유대와 신뢰가 바탕이 된다. 지역사회의 번영과 함께 살아간다는 공영의 비전이 공유될 때 촉진된다. 결국 지역공동체의 역량이 조직된 구매력의 수준을 결정한다. 한편 지역화폐를 매수할(받아줄) 영세자영업자를 비롯한 유통과 생산업자를 지역화폐 가맹점으로 조직하기 위해서는 기초자치단체의 행정적 지원이 필요하다. 우선 지역화폐 조례와 기금을 마련해야 한다. 기금의 사용을 결정하는 기금운용위원회는 민관협력형으로 구성하고, 지역화폐를 통해 발생한 매출의 일정 액수를 기금으로 적립하도록 강제하여 '지역 상권 살리기' 등을 위한 사업 예산으로 활용되도록 한다.

또한 상인들이 협동과 공영의 정신을 공유하고 지역사회와 공존한다는 원칙을 튼튼하게 지켜내려면 상인회의 조직화가 필요하다. 유사 업종별 조직은 물론이고, 특정 골목(상권)별 소모임을 활성화하여, 일정 한도 안에서 추가 할인도 제공할 수 있도록 한다든지 공동으로 마케팅 전략을 구사하도록 지원하는 것이 필요하다. 무엇보다 이러한 민관의 협력적 활동을 지원하는 체계가 필요한데, 시군구가 지역공동체와 지역순환경제를 종합적으로 지원하는 중간지원조직을 설치하여 운영하는 것이 바람직하다.

이렇게 지역사회의 구매력을 지역사회 내부로 흐르도록 하여 지역의 경제 주체들을 버티게 하는 것, 자원이 지역사회

외부로 유출되는 것을 막고 지역사회 안에서 순환하도록 하는 것이 바로 지역순환경제다. 지역화폐는 단순히 지방정부의 경제정책이라는 것을 넘어서 "지역사회 기반의 마을공동체와 산업생태계가 순환하고 공생하는 공동체경제"를 만들고 지역순환경제의 원리를 구현하는 수단으로 자리매김 되어야한다.

로컬 일자리의 미래

일자리에서 '일거리'로 확장

앞에서 살펴본 로컬뉴딜의 사업내용들은 그린뉴딜의 기본목표에 부합하도록 추진되어야 하는데 무엇보다 일자리의 창출이 가장 중요한 과제가 될 것이다. 각 사업별로 만들어질 가능성이 높은 일자리의 형태를 정리해 보면 아래의 표와 같다.

지역사회에서 이러한 일자리를 어떻게 만들어갈 것인가를 논의하기에 앞서서, 그 일자리에 성격에 대하여 몇 가지 검토해봐야 할 사항이 있다. 우선 우리가 만들고자 하는 일자리가 이른바 정규직 일자리인가 라는 점이다. 결론부터 말하면

로컬뉴딜 일자리 창출의 유형과 예시

로컬뉴딜 정책	마을일자리 예시
근린공원과 마을정원	– 근린공원과 마을정원의 관리자 – 생태 및 체육 프로그램 진행자 및 마을강사
공공의료와 마을돌봄망	– 생활지원 및 건강지원 서비스 제공 – 케어 플레너 및 케어 매니저
그린 리모델링	– 에너지 진단사 – 주거관리 및 집수리 시공
마을학교	– 놀이 이모와 삼촌 – 방과후 프로그램 코디네이터 – 프로그램 운영자 및 강사
폐기물과 자원순환	– 분리수거 관리자 – 분리배출 교육자 및 Re & Up 기획디자인 및 강사
로컬 모빌리티	– 따릉이 자전거 보수관리 및 협동조합 운영자 – 자전거 강사 및 프로그램 운영자
로컬푸드 플랜	– 식자재 처리시설 운영자, 건강식문화 강사 – 도농교류 및 유통관리
가상발전소	– 에너지 데이터 관리 – 재생에너지 발전 시설(태양광, 풍력 등) 설치, 관리 서비스
지역화폐	– 지역화폐 기획과 촉진 활동 – 빅데이터 구축과 활용 기획

정규직 일자리를 포함하되 비정규적 일자리와 그것도 주 5일 9 to 6 근무보다는 이른바 '파트타임' 일자리로 불리는 '일거리'로 확장해야 한다. 동네와 마을이라는 근린 단위에서 규모가

제법 되는 기업체를 설립하고 그곳에서 안정적인 정규직 일자리를 필요한 만큼 많이 만들기란 쉽지 않기 때문이다. 반면에 동네에서는 10인 이내 또는 한 두 명이 일하는 작은 사업장이 많이 만들어지고 있으며, 동네 주민들이 각자의 형편에 맞추어 일을 할 수 있는(하고 싶은) 시간대를 나누어서, 마치 서로 분담하듯이 일을 하는 경우가 많다.

대안학교와 어린이집, 방과후 교실의 교사나 생협에서처럼 비교적 고정적인 업무를 수행하는 주 5일제 정규직 일자리도 있지만, 마을카페 매니저, 마을방과후 학교 강사처럼 정기적이지만 주 2~3회, 하루 서너 시간 미만 정도만 일을 하는 일거리 형식의 고용이 많다. 이처럼 일거리란 '3만엔 비즈니스'[53] 처럼 주 1회에서 3회 미만, 하루에 서너 시간 정도 일하는 '파트타임' 또는 '알바' 같은 성격의 일을 말하는데, 불안정하고 질 낮은 고용으로 외면하지만, 오히려 마을에서는 편리한 일자리

---

53) '3만엔 비즈니스'란 후지무라 야스유키가 자신의 책 『30만원으로 한 달 살기』(북센스)에서 제안한 것으로 한 달에 이틀만 일해서 30만 원을 버는 방식인데, 그는 '에너지와 돈에 의존하지 않는 풍요로움'을 추구하는 삶의 방식으로 제안한다. "제가 제시하는 방법론은 '상상하시는 것처럼 구질구질한 가난'과는 거리가 멉답니다. 왜냐하면 돈을 벌어들이는데 사용하는 시간은 줄여서 남는 시간에 자급률을 높이니까 자연히 지출이 줄어들어 궁핍하다고 느낄 이유가 없으며, 남는 시간을 문화 활동에 사용하거나 지성을 갈고 닦는데 사용하여 정신적으로 윤택하고 나아가 물질적으로도 윤택한 생활을 누릴 수 있기 때문입니다."

이다. 전업주부라 하더라도 아이들을 챙겨야 하는 경우, 주5일 종일 매이지도 않아도 되고 출퇴근 부담도 없으며 게다가 동네 일을 하며 동네사람들과 자연스레 교류할 수 있어서 만족도가 매우 높다. 어쩌면 정규직 일자리는 갈수록 줄고, 고용형태도 비정규직을 넘어 더욱 불완전한 플랫폼 노동자가 확대되고 있는 시대에, 집과 가까운(직주통합職住統合 및 직주근접職住近接) 동네에서 몇 개를 일거리를 포트폴리오로 가지는 것이 로컬시대의 라이프스타일이 아닐까도 싶다.

일방 서비스에서 '상호(호혜적) 돌봄'으로

우리나라의 산업구조상 일자리 수요가 가장 많고 가장 급증할 영역인 돌봄 산업은 지역사회에서 가장 활성화될 수 있는 산업이다. 돌봄이란 사람들이 사는 곳에서 사람이 사람을 챙기는 일인데, 이는 '신뢰'가 매우 중요한 요소다. 신뢰란 일상적 대면관계에서 형성되는 친밀감을 토대로 만들어지는 사회적 자본이며, 안전을 넘어 '안심'을 주는 요소이다.

또한 마을돌봄은 서비스를 주는 사람이 받는 사람을 구별하여, 일방적으로 전달하는 일방향 서비스가 아니다. 서비스 주는 자와 받는 자가 고정되지 않고, 주기도 하고 받기도 한다. 앞집 할머니의 병원나들이를 격일로 동행하는 도움을 드리지만, 보일러 기술자인 할머니 아들이 종종 우리 집 보일러를 살펴보고 수리해준다. 월수금에 동네 작은도서관 매니저 일을 하지만, 우리 아이는 마을방과후에서 마을교사들이 챙겨준다. 주민 각자가 나눌 수 있는 돌봄 서비스의 종류와 여력에 따라 제공하고, 아쉽고 필요한 서비스를 누군가로부터 제공받는, 마을 차원의 호혜적인 '상호돌봄'의 관계망이다.

노동의 대가에서 '공적 인정'으로

따라서 마을에서의 노동은 쌍무적 계약관계에 따른 '노

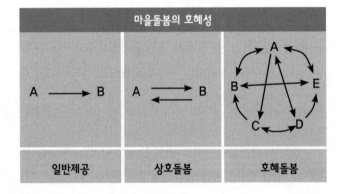

무 제공 ↔ 금전 대가'라는 단순한 관계로만 이루어지지 않는다. 즉 마을노동은 공동체 성원으로서 공동체의 안위와 공영을 위하여 나누어 마땅한 '상호의무'의 성격도 가지기 때문이다. 따라서 마을일을 하고 나면 노동에 대한 금전적 보수와는 별개로 '공적 인정'이 주어지는 것이 중요하다. 심지어 금전적 대가가 없더라도 공적 인정은 필수적이다. 이른바 '자원봉사'로 이루어지는 경우가 그렇다. 금전적 대가를 받는 경우에는 이는 노동의 대가이면서, 동시에 공적 인정의 (물질적) 표시라는 의미를 함께 갖는다.

로컬뉴딜과 주민자치회[54]

읍면동 주민자치회 중심

　　로컬뉴딜로 추진할 정책들은 지역사회의 주민들이 적극적으로 참여해야 하므로, 정책의 결정과 실행 과정에서 주민의 권한이 보장되고 주민 주도성이 권장되도록 해야 한다. 이제 시민들은 행정을 보조하는 역할에서 문제를 해결하는 주체로 나아간다. 지역사회에서 절실하고 시급하게 필요로 하는 앞에서 예시한 일을 주민들이 협동하여 해결해 가는 것이다. 이런 과정에서 시민들은 정책을 결정하고 필요한 서비스를 행

---

54) 김의영·유창복·이재경, 〈분권적 균형발전을 위한 경로탐색-읍면동 근린자치정부를 중심으로〉 (균형발전위원회 용역보고서, 2020) 4,5장에서 일부 수정하여 게재함.

정과 함께 생산하는 '공동생산자'로 진화한다. 여기서 마을 일자리와 일거리가 만들어지고, 커뮤니티 기반의 사회적경제, 지역순환경제를 실현하는 것이다.

주민들이 일상생활을 영위하면서 맺는 인간관계를 통해서 생활의 필요를 함께 도모하는 일은 일상이 작동하는 '장소'를 토대로 이루어진다. 그 일상의 장소가 근린지역이며 행정단위로는 읍면동이다. 따라서 로컬뉴딜의 핵심 단위는 근린지역(읍면동)이며 핵심 동력은 읍면동 주민자치다. 읍면동 주민자치회가 로컬시대의 주체로 나서고, 풀뿌리 민주주의의 기초이자 사회연대경제의 주축으로 뿌리내려야 한다. 일상생활을 영위하고 일상적인 참여가 일어나는 근린지역(읍면동)에서 주민

주민자치회와 사회연대경제

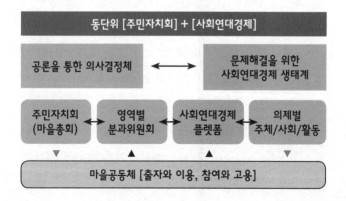

들이 함께 공론을 벌이고, 무슨 문제를 해결할지 합의하고, 해법을 찾아내 실행에 옮기는 '주민자치'를 해야 한다. 이런 과정에서 우리 동네에 꼭 필요하면서도 동네의 특성과 부합하는 의제가 로컬뉴딜의 콘텐츠로 추진되고, 궁극적으로 지역순환경제(사회연대경제)의 근간을 구성할 것이다.

근린자치정부

근린자치정부란 근린지역을 관장하는 지방정부로서 읍면동 단위에서 설립되는 기초정부를 말한다. 즉 읍면동 기초의회를 주민의 직선으로 선출된 의원들로 구성하고, 집행부 대표 역시 주민 직선으로 선출하거나 기초의회의 결정으로 선임함으로써 근린정부를 구성한다. 해방 직후에는 읍면에서 기초의회를 구성한 바 있으나 5·16군사 쿠데타로 폐지되었다.

서구 대부분의 민주주의 국가와 비교할 때, 우리나라 기초정부(시군구)의 규모가 매우 커서 주민들의 참여가 어렵고 정부의 반응성도 약화되어 결과적으로 주민들의 효능감이 떨어진다는 지적이 학계와 현장에서 줄곧 있어왔다. 지금까지 한국 사회에서 근린은 규모가 너무 작아서 자치가 이루어지기 어려운 곳으로 인식되었고, 읍면동 행정 조직의 역사에서 알 수 있듯이 통치와 관리의 대상으로만 인식되었다. 그러나 점차 근린자치정부의 필요성이 커지고 있는데, 간략히 몇 가지 이유를 소개한다.

첫째 '경제성장에서 주민행복으로' 한국 사회의 패러다임이 변화하고 있다. 이는 두 가지 측면에 기인한다. 우선, 저성장·장기 불황으로 인해 무한 성장의 신화가 깨지면서, 성장에 대한 국민들의 기대가 많이 약해졌다. 무엇보다 2000년대 불평등이 심화되면서 성장에 대한 긍정적인 인식이 줄었다. 또한, 성장과 행복이 함께 가지 않는 상황이 발생했다. 가난을 면하면 행복할 것이라고 예상했지만 현실은 그렇지 않았으며, 오히려 국민들은 가난했던 과거를 추억하는 역설적 모습을 보여주고 있다. 이것은 가난해서 행복했다는 것이 아니라, 행복에 영향을 미치는 비(非)물질적 요소들(공동체, 공감과 신뢰의 관계망 등)의 요구가 점차 커지고 있다는 것이다. 이런 변화의 흐름 속에서, 과거 성장과 효율성을 외치던 지방정부들이 이제는 '주민행복'을 앞세우고 있다. 역사적 경험을 통해 나타났듯이, 근린은 주민들의 삶의 질과 행복에 가장 핵심적인 공간이며 주민 참여를 통해 행복도를 높일 수 있는 가능성의 공간이기도 하다.

둘째, '도시쇠퇴 시대'에 근린에 기반한 새로운 발전의 고민이 필요하다. 도시 시대에는 기존의 고도 성장기와는 다른 발전의 문법이 필요하다. 발전의 격차를 줄일 것이 아니라, 쇠퇴의 격차를 좁혀야 한다. 즉, 심각한 쇠퇴를 경험하는 지역을 살리고 적절한 지원을 통해 삶의 질과 행복을 끌어올리는 것이 핵심 관건이다. 이를테면 지방소멸의 위기가 자주 거론되는데 '소멸 위험지역'의 사회경제적 문제 해결을 위해서 근린 단위의 정책 대응이 필수적이다. 지역 전체를 활성화하는 것이 사실상 불가능하기 때문에, 근린의 특성에 따른 핀셋 정책을 통한 미시적 접근이 필요하다. 전 세계적으로 근린의 역동성, 근린 공동체의 응집력과 사회적 자본, 근린 단위의 다양한 혁신 실험 등을 통해 소멸 위험지역이 살아난 많은 사례가 있다.

셋째, '지역 불균형'에 맞서기 위해서도 근린이 중요하다. 이제 지역 격차의 양상이 수도권과 비수도권이라는 전형을 벗어나, 시·도 내 시·군간 격차, 원도심과 신도시의 격차, 도농 복합지역 내 도시와 농촌의 격차 등 다양한 형태의 '지역 내' 격차로 확산되고 있다. 이는 한국의 지방자치단체의 규모가 크고 많은 인구를 포괄하고 있기 때문이다. 과거에 주민들은 발전에 소외되더라도 특정 지역의 구성원으로서 강한 일체감을 가지고 있었지만, 지금은 상대적 박탈감을 호소하며 문제를 제기하고 있다. 이런 측면에서도 근린 단위에 대한 고민과 관심이 필요하다.

넷째, 생산을 통한 발전이 한계에 처한 지금 '분배와 소비'

에 기반한 새로운 지역 발전의 구상이 필요하다. 일종의 내생적 발전론으로 볼 수 있는 이러한 접근은 지금 전국적으로 전개되고 있는 도시재생, 지역화폐, 기본소득론과 일정하게 궤를 같이 한다. 이러한 접근은 결국 지역 차원의 분배를 통해 소비 능력을 향상시키는 한편 소비의 조직화를 통해 지역 발전을 추구하는 전략이다. 근린은 분배와 소비의 개선, 조직화를 통한 발전 전략을 실험하기에 최적의 공간이다. 근린은 공동체의 소비가 지역경제를 변화시킬 수 있는 거의 유일한 공간으로서 주민참여에 기반한 마을경제 구축, 상인과 연계한 골목상권 활성화, 청년의 새로운 창업 모델이 일어나고 지속되는 곳이다.

다섯째, 근린이 '주민참여'를 활성화하는 데 유리한 규모이며 단위라는 것이다. 주민참여로 얻는 여러 장점 중의 하나는 바로 민주적 혁신(democratic renewal)의 가능성이다. 2000년대부터 한국 사회에 등장하기 시작한 주민참여형 리빙랩(Living Lab)과 폴리시랩(Policy Lab), 로컬랩(Local Lab) 등 이른바, 혁신랩은 주로 근린 단위에서 이루어졌고 점차 확산되고 있다. 지역 발전의 실마리는 결국 지역문제를 해결하는 과정에서 발견될 가능성이 크다. 주민자치는 주민들이 지역문제를 자율적으로 해결해야 한다는 것이므로, 주민참여를 촉발하는 근린자치의 중요성은 더욱 명백하다.

여섯째, '민주주의 발전'을 위해서도 근린자치정부의 필요성이 부각된다. 현재의 지방자치는 공직자 자치라는 비판과 함께 현재 자치분권이 주로 단체자치 위주라는 비판을 받고 있다. 지금까지 한국 지방자치의 역사를 고려하면, 현재의 자치분권의 흐름이 자칫 지방정부 위주의 지역의 관료적 지배를 강화하는 결과를 초래할 수 있다. 즉, 자치분권의 흐름을 주민참여 확대와 주민자치 강화로 귀결될 수 있도록 하는 세밀한 이행론의 설계가 필요하다. 이행론의 핵심이 바로 읍면동 근린자치를 강화하는 것이다. 규모가 커질수록 오히려 행정조직과 시민 간 정보의 비대칭성이 심화되고 숙의민주주의 등 보다 심화된 주민참여의 가능성이 낮아진다는 점에서 근린 단위가 중요하다.

이행론의 중요성

읍면동 근린지역에서의 주민자치가 강화되어야 하고 궁극에는 읍면동에 근린자치정부가 설립되어야 한다는 점을 인정하지만, 현재 읍면동 지역에서 주민이 정부를 꾸리고 운영할 정도의 민주적 역량이 부족하기 때문에 '시기상조'라는 염려가 있다. 이른바 시기상조론은 섣부른 실시는 오히려 지역의 토착 유지세력의 먹잇감이 되어버리고, 그들의 기득권만 제도적으로 보장하게 되어 자치와는 반대의 결과를 초래한다는 입장이다. 반면, 제도의 혁신이 없이 기존 제도 아래에서는 어떠한 변화도 불가능하고 자치 역량의 강화 역시 기대할 수 없기 때문에 제도를 우선 혁신해야 한다는 반론이 있다. 이는 선제적인 제도개혁으로 주민에게 공공정책의 결정권한이 부여될 때 비로소 주민의 자치 역량이 급격히 성장할 수 있다는 입장이다.

자치 역량의 수준에 비추어 근린자치제도 도입이 시기상이르다면 주민의 자치 역량은 어떻게 강화되는가에 대한 질문이 필요한데, 시기상조론은 대체로 역량 강화에 대한 방향이나 계획을 제시하지 않고 부정적인 의견만을 개진한다. 또는 기존의 제도 아래에서 매우 부분적이고 미미한 수준의 역량 강화책을 내는데 그치고 만다. 결과적으로 '하지 말자는 입장'이 되고, 그를 합리화하는 논거로 이용되고 만다.

물론 제도가 무조건 역량 강화를 보장하는 것은 아니다. 주민의 자치 역량이 준비되어 있지 않은 상태에서 자치 제도를 앞서서 만든다고 해서 자치가 이루어지지 않으며 많은 부작용을 동반할 위험성이 높은 것도 사실이다. 하지만 선제적인 제도 개선은 주민의 역량 강화 기회를 확충하고 촉진하는 역할을 하는 것은 분명하다. 즉 제도 개혁은 행위자(참여자)들에게 방향에 대한 명확하고 안정적인 신호(sign)를 준다. 특히 공무원들에게 법과 제도는 매우 중요한 참여의 동기이며 나아가 참여해야 하는 당위적 근거가 된다. 그동안 '권한 없는 참여'가 결국 '동원'이 되고 마는 공허한 경험을 숱하게 해 온 시민들 역시 제도 개혁을 통하여 시민 참여가 촉진·지원되고, 나아가 자치 '권한'을 보장할 때 참여의 동기가 급격히 증가한다. 더욱이 법과 제도로 참여와 자치가 인정된 경우, 필히 행정의 예산과 조직이 동반하므로 참여와 자치의 효능감이 구체화·극대화되고, 그 과정에서 민관 상호학습과 협력의 역량도 강화된다.

따라서 참여의 '동기화'와 참여와 자치의 '효능감'이 결국에는 자치 역량의 강화로 귀결되고, 궁극에는 근린자치정부의 구성을 가능케 한다는 비전을 구체적인 이행계획으로 제시해야 한다. 이행의 시간 동안, 왜 참여해야 하는지, 자치가 왜 필요한지, 참여와 자치를 가로막는 걸림돌이 무엇인지 발견하고, 참여와 자치를 한 단계 도약시킬 디딤돌을 모색하면서 자치의 역량을 성장시키기 위한 목표와 실행계획을 가져야 한다. 그 목표와 실행계획은 다름 아닌, 주민들이 가장 절실하고 시급하게 여기는 현안을 놓고 그 해법을 찾고, 필요한 서비스를 직접 생산하고 공급하는 역할을 하는 것이다. 그 과정에서 주민들은 생활에 중요한 사안을 직접 결정하고 해결하는 주체가 되어가는 것이다.

이행론은 주민의 자치 역량을 어떻게 성장시키고, 또한

성장에 최적화된 지원 체계와 법제도적인 시스템을 어떻게 정비할 것인가를 명확히 하고, 이를 단계적으로 상승시키는 전략을 마련하는 것이다. 이행의 과정에서 민간과 행정 모두에서 협력의 긍정적 경험이 쌓여가면서 근린자치가 점차 현실화되어 가는 것이다. 담론에서 현실로 쉽사리 도약하기 어렵고 제도가 현실의 변화를 보장하지 않지만, 낮은 수준에서라도 자치의 '실행'을 촉진하다보면, 길이 보이고 그 길을 내는 주체가 등장하기 마련이다.

이행의 모델과 자치계획

이행론의 출발점은 (주민자치위원회가 아니라) 현재 전국적으로 600여 개의 읍면동에서 전환 시범사업으로 추진하고 있는 주민자치회 〈협력형〉 모델로 삼고, 종착점은 근린자치정부로 하며, 그 사이에 〈과도기형〉과 〈준자치형〉 두 단계를 이행기 모델로 설정한다. 각 이행 단계별로 핵심적으로 추진해야 할 목표와 정책을 구분해보면 아래 표와 같다.

주민자치회의 실행사업 항목에서 과도기형에 목표로 제시한 〈전략의제 자치계획〉은 주민자치회가 중장기적으로 추진

주민자치회 이행단계별 핵심 제도의 진화

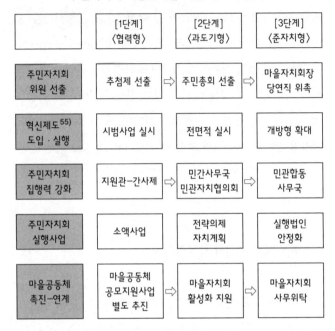

	[1단계]〈협력형〉	[2단계]〈과도기형〉	[3단계]〈준자치형〉
주민자치회 위원 선출	추첨제 선출	주민총회 선출	마을자치회장 당연직 위촉
혁신제도[55] 도입 · 실행	시범사업 실시	전면적 실시	개방형 확대
주민자치회 집행력 강화	지원관―간사제	민간사무국 민관자치협의회	민관합동 사무국
주민자치회 실행사업	소액사업	전략의제 자치계획	실행법인 안정화
마을공동체 촉진―연계	마을공동체 공모지원사업 별도 추진	마을자치회 활성화 지원	마을자치회 사무위탁

해야할 과제로서 지역사회의 가장 절실하고 시급한 의제 중에서 주민들의 역량과 민관협력의 경험, 지역사회에서 조달 가능한 자원 등을 고려하여 추진의 우선 순위를 정한 실행계획을 의미한다. 주민총회를 통해서 결정하고 실행하는 자치계획은 지금처럼 소액보조금 공모사업의 틀을 완전히 탈피하고, 마을

---

55) 혁신제도란 읍면동장의 개방형 및 직위공모제, 동자치예산제 실시를 말한다.

에서 필요한 공공서비스를 마을의 민간 주체들(주민 개인, 마을 기업, 비영리 민간단체, 복지기관 등)이 협력적으로 생산하고 전달하는 '공동생산자' 수준으로 발전시킬 수 있는 전략적인 의제가 바람직하다. 관심 있는 몇몇 사람들이 하고 싶은 일이 아니라, 읍면동 지역 주민 대다수에게 절실하고도 시급한 의제를 몇 가지로 압축해서 선정하고, 2~5년의 중장기 계획으로 추진해야 한다. 그 방법은 전문가들의 참여를 통해 심층적인 숙의와 솔루션 개발이 가능하도록 하는 로컬랩(Local Lab) 프로세스를 주민자치회의 형편과 조건에 맞추어 변형해서 추진하는 것이 바람직하다.

〈과도기형〉 단계 자치계획의 내용

앞의 [로컬뉴딜 핵심사업] 장에서 다룬 9대 의제(근린공원과 마을 정원, 공공의료 체계와 마을돌봄망, 그린 리모델링, 아동청소년 학교–마을 연계 돌봄체제, 폐기물과 자원순환, 로컬 모빌리티, 로컬푸드 플랜, 가상발전소, 지역화폐)는 바로 주민자치회 〈과도기형〉 단계의 '자치계획'에 담을 수 있는 전략의제들의 예시라 할 수 있다. 〈과도기형〉 단계에서는 자치계획의 수립에 중점을 두고, 실행 설립하여 점차 실행 경험을 쌓아가면서 〈준자치형〉 단계로 진입하면 된다. 〈준자치형〉 단계에서는 실행(주체) 조직을 지속가능한 비즈니스 조직으로서 진화시키는 데 중점을 두어야 한다.

여기서 실행(주체) 조직은, 필요한 서비스를 생산하고 제공하는 기업(사회적기업, 마을기업)이나 개인, (영리 및 비영리)조직이나 (행정 및 공공)기관을 망라하는 공급자들을 초대하고 연결하는 일종의 플랫폼의 역할을 수행한다. 이 실행 조직이 지역사회 기반의 사회연대경제 또는 지역순환경제를 구축해가는 주요 행위자가 되어야 한다.

근린지역의 주민자치 조직인 주민자치회에서 그동안 지역사회에서 활동해 온 마을공동체, 사회적경제, 도시재생, 지역복지, 자원봉사, 혁신교육 등의 조직과 기관들이 융합적인 솔루션을 개발하고 협력 실천을 함으로써, 당면한 기후위기의 재난 상황을 극복해 나갈 수 있는 로컬 회복력을 축적해야 한다.

미래자치분권연구소

2016년 촛불혁명을 배경으로 탄생한 문재인 정부는 2018년 개헌안을 마련하면서 사실상 연방제 수준의 자치분권을 제창하며 "중앙과 지방이 종속적, 수직적 관계가 아닌 독자적, 수평적 관계라는 것이 분명히 드러날 수 있도록" 명실상부하게 '지방정부'라는 개념을 헌법에 명문화하고자 했으나, 아직 시민들의 삶과 일상에 얼마나 큰 영향을 줄 수 있는지에 대해 정치, 행정과 시민들 사이에 충분한 소통과 공유가 되어 있지 않았다. 이에 자치분권지방정부협의회는 자치분권의 구체적 내용을 시민 친화적, 주민 체감적 측면에서 조사 연구하여 회원 지방정부들이 더 풍부하고 공감 가능한 분권·자치 행정을 할 수 있도록 하고자 2019년 9월 18일, 산하에 '미래자치분권 연구소'를 설립했다.

정책적 '내용 생산'과 함께 자치분권에 기여할 수 있는 '정책전문가네트워크' 구성을 목표로 월례 전문가 포럼을 운영하며 정책적 연구 성과를 토대로, 자치분권지방정부협의회가 주최하고 미래자치분권연구소가 주관하는 공개 컨퍼런스를 개최함과 동시에 뉴스레터를 발행하고 있다.